이단OUT

# 이단OUT

지은이 | 탁지일
초판 발행 | 2020. 5. 20

등록번호 | 제1988-000080호
등록된 곳 | 서울특별시 용산구 서빙고로 65길 38
발행처 | 사단법인 두란노서원
영업부 | 2078-3352    FAX | 080-749-3705
출판부 | 2078-3331

책값은 뒤표지에 있습니다.
ISBN 978-89-531-3748-6 03230    Printed in Korea

독자의 의견을 기다립니다.
tpress@duranno.com    www.duranno.com

두란노서원은 바울 사도가 3차 전도여행 때 에베소에서 성령 받은 제자들을 따로 세워 하나님의 말씀으로 양육하던 장소입니다. 사도행전 19장 8-20절의 정신에 따라 첫째 목회자를 돕는 사역과 평신도를 훈련시키는 사역, 둘째 세계선교(TIM)와 문서선교(단행본·잡지) 사역, 셋째 예수문화 및 경배와 찬양 사역, 그리고 가정·상담 사역 등을 감당하고 있습니다. 1980년 12월 22일에 창립된 두란노서원은 주님 오실 때까지 이 사역들을 계속할 것입니다.

# 이단
## OUT

탁 지 일 교 수 의
이 단 핵 심 파 일

탁지일 지음

: 　사랑하는 동생 지원과 지웅에게　:

## 차례

한국전쟁 70주년을 맞는 2020년,《이단 OUT》을 출간할 수 있도록 해 준 두란노에 감사한 마음입니다. 이단 문제가 사회적 이슈가 될 때마다 두란노에서 이단 관련 서적을 출간했습니다. 2014년 세월호와 구원파 관련 이슈가 떠들썩할 때《이단》을 출간했고, 2016년 최순실과 최태민 논란이 시작되던 시기에《교회와 이단》을 출간했습니다. 그리고 코로나19와 신천지 논란이 사회적 이슈가 된 2020년 세 번째 책인《이단 OUT》을 출간하게 되었습니다.

올해로 70주년을 맞는 한국전쟁은 한국 이단 연구에 있어서 가장 중요한 시기로 볼 수 있습니다. 왜냐하면 한국전쟁을 계기로 이단들이 역사의 전면에 등장했기 때문입니다. 해방 전후 기독교의 중심이었던 평양을 중심으로 한 서북 지역과 서울에서 활동하던 이단들이 피난지 부산에 모였고, 불안정한 전시 상황은 이단 발흥의 옥토가 되었습니다.

한국 이단들은, 일제 강점기 후반부 기독교의 중심이었던 서북 지역을 중심으로 '발생'하기 시작해, 한국전쟁과 함께 한반도 땅끝 부산에 이르기까지 전국적으로 '확산'되고, 군사 정권하에서 반공, 승공, 멸공 운동으로 '성장'한 후, 오늘 다문화 사회에서는 보다 치밀하고 조직적인 친사회적 활동을 매개로 '정착'하는 양상을 보여 줍니다.

두란노에서 출간한 세 권의 이단 관련 책들을 통해, '교회와 이단' 그리고 '사회와 이단' 문제는 떼려야 뗄 수 없는 상호 연관된 문제이며, 한국 현대사의 크고 작은 사건들이 이것을 증명하고 있다는 사실을 여실히 깨달았습니다. 한편 헌법상 종교의 자유가 존중받는 다종교 사회에서 역기능을 노출하는 이단들을 예방하기란 거의 불가능에 가깝다는 사실도 절감했습니다. 공권력과 언론은 사건 발생 이후에야 개입할 수밖에 없는 것이 우리 대한민국 사회의 숙명적이고 안타까운 현실입니다. 하지만 다양한 시행착오를 거치면서 이제는 반사회적이고 범죄적인 이단들에 대한 사회적 안전장치를 마련해야 한다는 요구가 광범위하게 제기되고 있는 것은 그나마 다행스러운 일입니다.

코로나19 사태를 겪으며, 신천지의 거짓말이 매일매일 드러나는 것을 목격했습니다. '거짓말'이 교리와 생활 속에 합리화된 신천지를 향한 분노와 비판도 거셌습니다. 하지만 동시에 교회가 스스로를 냉철하게 돌아볼 계기였습니다. 교회 스스로가 신천지와 차별화된 모습을 보이지 못하면, 오늘의 분노와 비판은 언제든지 부메랑이 되어 교회를 향할 수 있기 때문입니다. 앞으로의 이단 연구는 '비판과 정죄'를 넘어 자기 변혁에 기반한 '치유와 회복'으로 나아가야 합니다.

《이단 OUT》은 CBS에서 〈이단 OUT〉이란 제목으로, 2019년 연말 두 달 동안 방영된 10회의 주제별 강의들을 모아 만든 책입니다. 기존의 이단 연구가 단체 중심의 접근이었다면, 〈이단 OUT〉은 주제별 접근을 시도한 강의였습니다. 강의 내용을 정리해 책으로 만들었기에, 상세한 인용을 추가하지 못한 점에 대해 독자 제현의 용서를 구합니다.

《이단 OUT》이라는 주제별 이단 연구를 가능하게 해 준 분들이 계십니다. 먼저 〈이단 OUT〉이라는 기획 강의를 통해 좋은 배움의 시간을 갖도록 해 주신 CBS 황희철 부장님, 조혜진 기자님, 김수연 작가님께 감사드립니다. 그리고 이러한 이단 연구를 가능하게 지원해 주신 〈현대종교〉 가족들에게 깊은 고마움을 전합니다. 열악한 환경에서 사명감을 가지고 사역하는 〈현대종교〉 가족들이 없었다면, 이 모든 것은 가능하지 않았을 것입니다. 무엇보다도 2014년, 2016년, 2020년 등 불확실한 세상을 만날 때마다, 이단에 대한 경각심을 가질 수 있도록 출판을 허락해 주신 두란노에 감사한 마음을 전합니다.

# 이단과
# 거짓말

우리가 이단 문제에 관심을 갖는 이유는 무엇일까요? 아마도 우리의 가족, 교회와 사회에 이단 문제로 인한 피해가 크기 때문일 것입니다. 우리 주변에는 이단 문제로 인한 피해자가 많이 있습니다.

딸이 신천지에 빠진 아버지가 있었습니다. 그 아버지는 생업을 뒤로하고 딸을 찾기 위한 노력을 시작했습니다. 언론과 주변에서 왜 이렇게 딸을 찾는 데 모든 것을 바치고 있는지, 그리고 언제까지 1인 시위를 할 것인지 물어보자, 그는 이렇게 답변했습니다. "내 딸이 돌아오거나 내가 죽을 때까지."

이단 문제는 누군가에게 아픔입니다. 저도 그중 한 사람입니다. 저의 선친 고 탁명환 소장도 이단 문제를 연구하셨고, 한 이단 단체에 속한 괴한의 피습을 받아서 돌아가셨죠. 그때 제 가족이 깨달은 게 있습니다. 이단 문제는 단순히 고장 난 교리적 문제가 아닌, 어느 순간 우리가 사랑하는 사람, 소중하게 생각하는 것을 순식간에 빼앗길 수 있는 문제라는 것을 깨닫게 되었습니다. 그래서 우리는 이단 문제를 호기심의 안이한 눈이 아니라 나와 우리 가족, 내가 사랑하는 누군가가 이단 문제의 피해자가 될 수도 있다는 절박한 눈으로 보아야 합니다. 피해자의 눈으로 이단 문제를 바라볼 때 이단 문제의 본질과 그 위험성을 느낄 수 있는 것입니다.

하지만 우리가 두려움의 눈으로 이단 문제를 볼 필요는 없습니다. 마태복음 24장 3-5절을 보면 예수님의 제자들이 "선생님께서 다시 오시는 때와 세상 끝 날에 어떤 징조가 있겠습니까? 우리에게 말씀해 주십시오"라고 물어보니 예수님께서 "어느 누구에게도 현혹되지 않도록 조심하라. 많은 사람들이 내 이름으로 와서 '내가 그리스도다' 하고 주장하면서 많은 사람들을 현혹할 것이다"라고 말씀하시며 우리에게 경고하십니다. 교회 역사 2천 년 동안 이단들이 없었던 적이 없습니다. 하지만 이단들은 반드시 없어졌습니다. 생성과 소멸을 반복하죠.

오로지 우리가 속한 정통교회만이 지금까지 이어 온 교회이고 이겨 온 교회입니다. 우리는 이단 문제가 생기면 감추고 부끄러워하며 때로는 죄책감을 갖는 데 익숙해져 있습니다. 그러면서 왜 이런 문제가 우리에게, 나와 우리 가정에게 일어나는지 물어보죠. 하지만 이단 문제는 주님 다시 오실 때, 세상 마지막 때의 표징입니다. 생길 수 있는 문제이죠.

그래서 이단 문제가 우리 가족이나 나에게 생겼을 때 '왜 이런 문제가 나에게 생기지'라고 고민하기보다는 오히려 '생길 수 있는 문제가 생겼구나. 내가 이 문제를 어떻게 주님의 도우심으로 지혜롭게 해결해 나갈 수 있을까'를 고민하는 것이 올바른 신앙인의 자세라고 할 수 있습니다. 이단 문제를 피해자의 안타까운 눈으로 바라보면서, 그 문제가 생겼을 때 지혜롭게 해결해 나아가고자 하는 담대한 용기가 우리에게 필요합니다. 이 두 가지 관점을 가지고 이단 문제를 바라본다면, 그 본질과 위험성을 파악할 수 있습니다.

## 거짓말은 국내외 이단들의 특징

이단 문제를 분석하는 첫 번째 주제로 "이단과 거짓말"
에 대해 이야기를 나눠 보려고 합니다. 거짓말은 한국
이단들과 외국 이단들의 주요한 특징입니다.

아주 오래전부터 한국에는 미국 계통의 이단들이 많
이 들어왔습니다. 특별히 19세기 초중반에 생긴 미국 이
단들이 한국에 많은 영향을 주게 되는데요. 그들의 시
작, 그들 교리의 기초도 역시 거짓말에 기초하고 있습니
다. "제칠일안식일 예수재림교회"는 우리가 '안식교'라
고 부르는 단체입니다. 안식교는 출판, 의료, 건강식 등
을 통해 한국사회에 긍정적 영향을 끼치기도 했습니다.
하지만 교리적으로는 안식교를 이단으로 분류하는데요.
가장 큰 이유는, 안식교가 1844년에 종말이 온다고 주장
했던 시한부 종말 단체이기 때문입니다. 하지만 1844년
에 종말이 오지 않았죠. 안식교인들은 그것을 '대실망의
사건'이라고 부릅니다. 그러면서 그 실패를 받아들인 것
이 아니라 "예수님이 오셨다. 하지만 저 하늘에 있는 지
성소에 들어가셔서 우리 인간들을 조사하고 심판하고

계신다"라며 교리적인 변개를 합니다.

이러한 안식교의 영향을 받은 한국 이단도 있습니다. 이단들은 독자적으로 생겨나기도 하지만 서로 영향을 주고받기도 하죠. 안식교에 있다가 탈퇴해서 자신의 조직을 만든 '안상홍'이라는 인물이 있습니다. "하나님의 교회 세계복음선교협회"라는 단체의 창교자입니다. 안상홍은 안식교의 1844년 종말론 실패에 대해 그 나름의 해석을 시도합니다. 그가 쓴 《신랑이 더디 오므로 다 졸며 잘새?》라는 교리서에 "성경을 보면 지성소를 짓는 데 168일이 걸렸고, 성경은 하루를 1년으로 계산을 하니까 1844년에 168년을 더하면 2012년이 된다"라며 2012년 종말론을 주장한 것입니다. 어떻게 보면 거짓말이 거짓말을 낳은 것이죠.

또 다른 미국 계통의 이단인 여호와의 증인은 요즘 병역 거부 등의 문제로 사회적 이슈가 되었습니다. 이들의 병역 거부가 양심적 병역 거부일까요? 그렇다면 군대 갔다 온 우리의 아들들은 비양심적이라는 것일까요? 이 문제는 인권의 문제를 넘어서 교리적인 문제로 접근할 필요가 있습니다. 왜냐면 여호와의 증인은 세상을 사탄의 세상으로 보기 때문에 세상과 관련된 그 어떤 것에도 참여하지 않는 교리적인 이유가 그 안에 담겨 있습니다. 안식교가 1844년 시한부 종말을 주장했다면 여호와의 증인은 1914년에 종말이 온다고 했습니다. 그러나 1914년에 종말은 오지 않자 여호와의 증인은 이렇게 설명합니다. "1914년 하나님의 왕국이 도래했으며 예수님이 하늘에서 왕으로 즉위했다." 그러니 우리가 모를 수밖에 없겠죠. 안식교도, 여호와의 증인도 시한부 종말이라는 거짓말로 우리에게 다가왔습니다.

비성경적인 거짓말도 이단들의 특징입니다. 몰몬교는 젊은 미국인 두 포교자의 모습으로 익숙합니다. 몰몬교가 성경보다도 더 중요하게 생각하는 것이 《몰몬경》입니다. 성경은 오직 하나님의 기록된 말씀이지만 《몰몬경》의 부제목을 보면 "예수 그리스도의 또 다른 가르침"입니다. 모든 이단은 성경 이외에 새로운 그들만의 약속이 있다고 주장합니다. 이 책의 내용을 간단히 설명하면 예수님이 부활 승천하시기 전에 미국에 오셨다는 겁니다. 그리고 그곳에 있는 원주민들에게 복음을 전했고 예수님이 재림할 곳도 미국이라는 이야기이죠. 성경적이지 않고 확인할 길도 없습니다. 이처럼 비성경적인 거짓말이 그들 교리의 기초가 되기도 합니다.

몰몬교를 외국의 대표적 이단 단체라고 한다면 한국의 대표적인 이단의 뿌리는 통일교라고 할 수 있습니다. 몰몬교에게 《몰몬경》이 있다면 통일교에게는 《원리강론》이 있습니다. 이 책에서 문선명은 이렇게 이야기합니다. 첫 번째 아담은 성적인 타락으로 실패했고, 두 번째 아담인 예수 그리스도는 그 성적인 타락을 되돌리기 위해서 결혼을 하고 가정을 이루어야 했는데 독신으로 십자가에 죽었기 때문에 실패했다는 것입니다. 그래서 제3의 아담, 세 번째 아담이 동방인 한국에 왔고 그것이 바로 문선명이라는 겁니다. 문선명은 1990년대, 2000년대에 접어들면서 본인뿐만 아니라 본인의 아내도 구세주, 재림주, 메시아라고 공식적으로 세상에 알리기 시작했죠. 그러한 교리들이 《원리강론》 안에 담겨 있습니다.

## 거짓말은 신천지의 운명

이처럼 동서양을 막론하고 시한부 종말론, 혹은 비성경

19

적인 거짓말들이 이단들의 기초가 되는 것을 보게 됩니다. 특별히 가장 최근, 우리 교회와 사회를 많이 어렵게 하는 단체가 있습니다. 바로 신천지라는 단체입니다. 신천지라는 이름을 들으면 긍정적인 이미지를 갖는 분은 많지 않을 것입니다. 하지만 '신천지'라는 단어는 '새로운 하늘, 새로운 땅'이라는 의미로 우리 그리스도인들의 종말론적인 소망입니다. 하나님의 거룩한 언어들이 이단들에게 훼손되고 오염되고 있습니다. 저는 이단 대처가 어떻게 보면 이단들에게 오염되고 훼손된 하나님의 언어들을 회복시키는, 그 저작권을 교회와 하나님께로 가지고 오는 거룩한 언어의 회복 운동이 아닐까 싶습니다. 이단들이 사용한다고 해서 우리가 그것을 잃어버려서는 안 됩니다. '신천지'라는 종말론적 소망, '기쁜 소식'(구원파 중 하나인 '기쁜소식선교회'에 사용되는 단어)이라는 그 언어들을 우리가 교회 내에서 더 자신 있게 사용해야 하는 이유이죠.

신천지는 대표적인 이단 단체입니다. 이들은 '모략'이라는 주장을 합니다. 신천지는 이 모략을 성경에 있는 단어를 통해서 '거짓말'이라고 해석합니다. 하지만 히브

리어로 '에싸'라고 부르는, '모략'이라는 이 단어의 뜻은 거짓말이 아니라 충고입니다. 때로는 선한 충고라는 의미로도 사용되죠. 한데 신천지는 이러한 의미가 담긴 모략이라는 단어를 그들에 맞게 자의적으로 해석합니다. 모략을 거짓말로 해석하여 신도들이 가족이나 지인들에게 거짓말하는 것을 합리화시킵니다. 우리는 배우자 간에, 부모 자식 간에 거짓말을 하면 금방 알아볼 수 있지 않습니까? 그런데 종교적으로 합리화된 거짓말은 알아채기가 쉽지 않습니다. 열 길 물속은 알아도 한 길 사람 속은 모른다고 했습니다. 거짓말로 다가와서 사랑하는 가족마저도 속일 수 있는 것이 종교적인 거짓말의 합리화입니다. 이렇게 신천지는 모략이라는 교육을 통해서 신도들에게 거짓말을 합리화시킵니다.

그들의 목적이 또 있죠. 최근에 서울대학교 심리학과에서 전단지를 통해 공지를 했습니다. 공지의 내용은 서울대학교 심리학과에서 단기 아르바이트를 모집한다는 것이었습니다. 그런데 서울대학교 심리학과에서 또 이렇게 공지를 합니다. "이 전단지는 신천지 종교에서 서울대 심리학과 및 심리과학연구소를 사칭한 것입니다.

우리 학과는 교내 및 교외에서 연구 참가자를 모집하지 않사오니 유의하시기 바랍니다." 거짓말의 끝은 어디일 까요? 종교적으로 합리화된 거짓말은 죄책감을 느끼지도 않고 그 거짓말에 한계가 없다는 것을 보여 줍니다. 이렇게 거짓말로 우리와 교회에게 다가오기 때문에 신천지로 인한 피해가 큰 것이죠.

그러면 우리는 신천지가 두려운 것일까요? 그렇지 않습니다. 신천지로 인한 분열과 불신이 두려운 것이지 신천지가 두려운 것이 아닙니다. 그 옥석을 우리가 구분할 필요가 있습니다. 거짓말로 다가와서 교회와 가족을 분열시키고 불신을 조장하기 때문에 가정과 교회에 아픔들이 있는 것입니다. 신천지가 자주 사용하는 요한계시록을 보면 이에 대한 분명한 경고가 나옵니다. 신천지가 그토록 소망하는 14만 4천 명, 하지만 그 14만 4천 명에 속할 수 있는 사람은 거짓말이 없고 흠이 없는 자들이라고 성경은 이야기합니다. 거짓말하는 자들은 불과 유황으로 타는 못에 던져질 것이라고 경고합니다. 거짓말하는 자는 신천지가 그토록 가고 싶어 한다는 새 예루살렘 성에 들어갈 수 없다고 확언합니다. 거짓말을 좋아하며 지어내는 자는 다 성 밖에 있을 것이라고 요한계시록은 우리에게 경고하고 있습니다(계 22:15).

신천지는 그들의 거짓말을 합리화할 수 있는 내용만 취사선택해서 사용하고 있습니다. 하지만 하나님의 기록된 말씀인 성경은 거짓말에 대해서 분명하게 경고하고 있는 것을 볼 수 있습니다.

## 그리스도인의 참된 모습

우리는 그리스도인입니다. 그리스도인은 누굽니까? 예수님만을 구세주로 믿는 사람들이 그리스도인들이죠. 그리스도인들은 나의 십자가를 지고 죽기까지 주님을 따르기로 작정한 사람들입니다. 그 사람들의 이야기가 교회의 역사이죠. 그 끝자락에 오늘 우리가 서 있는 것입니다. 대한민국 헌법 제20조를 보면 "모든 국민은 종교의 자유를 가진다"라고 말합니다. 이는 불자이든 천주교인이든 기독교인이든 우리가 어떤 종교도 선택할 수 있다는 것입니다. 종교 선택의 자유를 침해받아서는 안 된다는 것입니다. 종교는 당당한 것입니다. 내가 무엇을 믿는지, 내가 누구인지, 내가 앞으로 그 종교인으로서 무엇을 하려는지 당당하게 밝히는 것이 건전한 종교입니다. 그런데 자기 모습을 감추고 자기가 믿는 것도 감추고 우리에게 다가와서 미혹한다면 그것은 우리들의 종교 선택의 자유를 심각하게 훼손하는 행위입니다. 거짓말하는 이단들은, 그래서 이 헌법의 가치를 무너뜨리는 이단들이라고 할 수가 있죠.

바울은 이렇게 이야기합니다. "내가 복음을 부끄러워하지 아니하노니"(롬 1:16). 우리 그리스도인들의 특징은 신천지와 다릅니다. 내가 믿는 것, 원하는 것을 숨기고 내 정체를 숨기는 것이 아니라 어떤 세상을 만나든지, 심지어 그 세상이 예수 그리스도를 믿는 우리를 박해하는 세상이더라도 우리는 복음을 부끄러워하지 않습니다. 바울은 그 말년에 로마로 잡혀 와 군인의 감시하에 2년 동안 셋집에 있게 됩니다. 많은 사람이 복음이 궁금하여 바울을 찾아왔습니다. 바울은 그러한 형편에서도 복음을 조심스럽게 숨어서 전하지 않았습니다.

사도행전의 마지막 절을 보면 바울이 복음을 어떻게 전했는지 나옵니다. "주 예수 그리스도에 관한 모든 것을 담대하게 거침없이 가르치더라"(행 28:31). '담대하게 거침없이'를 성경 원어로 보면 '공개적으로, 적극적으로'라는 뜻을 담고 있습니다. 이것이 우리 그리스도인들의 모습입니다. 우리는 복음을 부끄러워하지 않는 사람들입니다. 우리는 어떤 순간에도 복음을 담대하게 거침없이 전하는 사람입니다. 이런 점에서 거짓말을 일삼는 이단들은 기독교라는 종교의 범주에 들어올 수 없는, 종교인 척하는 유사 종교일 수밖에 없는 한계를 가지고 있죠. 이것이 이단들의 거짓말, 그 본질입니다.

질문

**Q** 이단들이 거짓말을 해 올 때, 워낙 확신에 차서 이야기하기 때문에 분별하기가 쉽지 않습니다. 한눈에 '이게 거짓말이구나' 알 방법은 없을까요?

**A** 사랑하는 가족들, 특별히 자녀들이 거짓말을 할 때면 우리는 금방 알아채죠. 그래서 알고 속아 준다는 말도 있지 않습니까. 그런데 이단들의 거짓말은 교리적으로 합리화되어 있다 보니까 죄책감을 느끼지 않고, 그렇기 때문에 사랑하는 가족들이나 지인들마저도 그 거짓말에 속게 되죠. 돌다리도 두들겨 보고 건너라고 하는 옛말이 있지 않습니까. 예전에 공익광고협의회에서 만든 어떤 문장이 뇌리에 계속 남더군요. 스미싱을 조심하라는 광고 문구였는데 그 내용이 이렇습니다. "조심이 안심입니다." 우리가 기억해야 할 말 같아요.

이단들은 거짓말로 무장하고 우리 안에 가만히 들어와서 우리를 미혹합니다. 우리가 우리의 판단을 지나치게 신뢰하기보다는 하나님 말씀과 교회라는 공간을 중심으로 신앙생활을 할 때, 이단들이 틈탈 수가 없습니다. 우리가 교회와 말씀 중심으로 살면서 "조심이 영적인 안심"이라는 마음으로 이단 문제를 본다면, 그들의 거짓말을 분별할 수 있는 지혜를 주님께서 주실 것이라 믿습니다.

26

**Q** 한 번쯤은 의심해 보라는 말씀이신 거죠?

**A** 기독교의 본질은 긍정적이거든요. 우리가 괴물을 대처한다고 우리 스스로가 괴물이 될 수는 없습니다. 성경 말씀대로 믿고 그대로 사는 것이 중요하지 않을까요. 그랬을 때 하나님께서는 우리가 예기치 않았던, 기대하지 않았던 선물을 주시는데 그게 바로 영적인 분별력입니다. 오히려 의심보다는 말씀대로 사는 삶이 정답이 아닐까 싶습니다.

**Q** 영적인 분별력을 갖기 위해서는 말씀대로 사는 삶이 중요하다는 말씀이시군요. 원론적인 이야기일 수도 있지만 꼭 실천해야 하는 말씀이라 생각합니다. 미디어를 통해서도 이단에 대한 경각심을 가질 수 있을 것 같습니다. <신천지에 빠진 사람들>이라는 CBS 프로그램이 많은 도움이 되었다는 평가를 받았는데, 이유가 뭘까요?

**A** 신천지뿐만 아니라 여러 이단 대처에 있어서 CBS의 <신천지에 빠진 사람들>은 이단 대처의 큰 전환점이 되었습니다. 공신력 있는 방송이 이단들에 대한 정보를 신속, 정확하고 지속해서 제공하고 있다는 것이 그 방송 이후 첫 번째 큰 변화라고 생각합니다. 특히 이단 피해자들의 모습이 생생하게 담겨 있거든요. 그 피해자들의 모습을 보면서 우리도 피해자가 될 수 있다는 경각심을 가지고 예방하고자 하는 마음을 갖게 된 것이 두 번째로 큰 중요성이라고 생각합니다. 그리고 무엇보다도 우리가 이단을 막연히 뿔 달

린 괴물처럼 보는 것이 아니라, 이단을 바로 알고 대처해야 한다는 생각을 갖게 해 주었습니다.

**Q** "이단과 거짓말"이 첫 번째 주제였습니다. 앞으로도 9개의 주제가 이어질 겁니다. 한국교회와 성도들이 이 내용들을 어떻게 활용하면 좋을까요?

**A** 이단 강의는 늘 조심스럽습니다. 저도 목사인지라 이렇게 믿고 이렇게 살아야 한다고 이야기하고 싶지만 저는 좀 네거티브한 접근을 하거든요. 이것은 기독교가 아니다, 이것을 믿어서는 안 된다고 말하면서도 마음 한편에 늘 부담이 있습니다. 하나님의 말씀이 교재이고 이단 강의는 참고서입니다. 우리가 그 본질에 집중해야 합니다. 우리가 이렇게 이단 문제에 접근하고 있지만, 이단 문제로 인한 경각심을 갖되 하루하루 주님의 은혜 가운데 하나님 말씀대로 살아가기 위해 씨름하고 노력하는 것, 이것이 오히려 이단 강의를 통해 얻어지는 배움이었으면 좋겠습니다.

**Q** 하나님의 말씀을 집중적으로 공부해야겠다는 생각을 가져 봅니다. "이단과 거짓말"을 한마디 키워드로 정리해 주세요.

**A** "세상에는 공짜가 없다." 이단들은 우리에게 있어도 되고 없어도 되는 것을 가지고 다가오지 않습니다. 우리에게 필요한 것, 우리가 관심을 가질만한 것으로 미혹하며 다가오죠. 우리가 그 미혹

에, 그 공짜에 관심을 가졌을 때는 어떠한 영적인 대가를 치를지 모릅니다. 우리 그리스도인들에게 공짜는 하나죠. 예수 그리스도의 구원 이외에 다른 공짜는 없습니다. 이단과 거짓말, 그것에 대한 대안은 "이 세상에는 예수 그리스도의 구원 말고는 공짜는 없다"라는 우리의 믿음이라고 생각합니다.

# 이단
# 트렌드

우리가 살아가는 세상에는 문화코드라는 게 있습니다. 그 시대를 대표하는 문화적인 현상을 코드 혹은 트렌드라고 합니다. 이단들도 마찬가지입니다. 우리나라의 이단들은 한국전쟁을 전후로 해서 본격적으로 생겨납니다. 이단들의 등장은 사회적, 문화적 배경과 밀접한 관련성을 가지고 있죠. 오늘날 이단들의 트렌드와 특징들은 무엇일까요? 하나씩 분석해 보도록 하겠습니다.

## 세대교체

일제 강점기 후반부나 한국전쟁 시기에 이단들이 집중적으로 발호했기 때문에 요즘 이단들은 2세대 교주로 넘어가는 전환기를 맞고 있습니다. 첫 번째 키워드는 "세대교체"입니다. 먼저 통일교 문선명 일가를 살펴보겠습니다. 한국 이단의 뿌리는 문선명의 '통일교'와 박태선의 '전도관'이라고 볼 수 있습니다. 그 이후에 많은 이단들이 영향을 받았죠. 통일교 문선명에게서 영향을 받은 이단 교주들은 스스로를 구세주, 메시아, 재림주라고 신격화하기도 하고요. 전도관의 박태선으로부터 영향을 받은 이단 단체들은 자신들의 교주를 살아있는 보혜사 성령, 이긴 자라는 식으로 신격화합니다. 통일교는 한국전쟁 때 생겨났습니다. 전쟁으로, 자연재해로 불안정하고 불확실한 세상이었을 때 피난지였던 부산에서 공식적으로 등장하게 되죠.

통일교는 지금 세대교체가 한창입니다. 문선명은 1970년대에는 공자, 석가, 예수가 자기의 부하라고 주장했고, 1990년대에는 본인이 재림주 메시아라고 주장했죠. 2000년대에 접어들면서 문선명의 부인 한학자도 역시 구세주, 메시아, 재림주라고 주장합니다. 즉 세대교체의 모습이 보이게 되죠. 그런데 문선명이 사망하기 전, 그의 아들 중 막내아들이 통일교 후계자의 지위를 물려받게 됩니다. 통일교가 자신들을 가리켜 '참 가정'이라고 주장하는 것은 그 가족이 죄가 없다는 교리적 이유 때문입니다. 제3의 아담인 문선명을 통해서 새로운 피를 받은 가족이 창조되었기 때문에 죄가 없다고 해서 '참 가정'이라고 부르는 것이죠. 하지만 문선명 사후 후계 구도를 둘러싸고 많은 모습들이 노출되고 있는데요. 먼저 문선명의 부인 한학자는 후계 구도에 들어왔던 세 아들을 내쫓습니다. 아들들은 나누어져서 한 치의 양보도 없는 싸움을 벌이고 있죠. 요즘 유튜브를 보면 막내아들인 문형진이 그 어머니를 '사탄의 음녀, 바벨론의 음녀'라고 하며 아버지 죽음의 책임을 친어머니에게 넘기는 설교를 하는 것을 보게 됩니다. 과연 통일교는 '참 가정'일까요, '거짓 가정'일까요?

2012년 문선명이 사망했습니다. 혹자는 이제 통일교도 몰락하겠다고 생각했습니다. 그러나 문선명의 추모식이 열릴 때마다 수많은 이들이 사망한 문선명을 여전히 신격화하고 있습니다. 내가 신이라고 믿고 따르던 교주가 사망하면, 내 선택이 틀렸다고 생각하고 빠져나와야 할 것입니다. 그런데 시한부 종말론이 실패해도, 교주가 사망해도 사람들은 그 이단 단체에 계속 있습니다.

이에 대해 혹자는 세뇌 때문이라고도 하고, 또 다른 이유를 이야기할 수 있을 겁니다.

이렇게 한번 생각해 보면 어떨까요? 사랑하는 가족들과 지인의 반대를 무릅쓰고 어떤 사람을 구세주 메시아로 믿고 5년, 10년, 혹은 평생을 따라다녔습니다. 그런데 그 교주가 사망했습니다. 나의 선택이 틀린 것이죠. 우리에게 그것을 인정하는 것은 쉽지 않은 과정입니다. 특히 지적 수준이나 상식이 있는 사람일수록 그에게 닥친 위기를 잘 극복해 내죠. 사랑하는 가족들이나 지인들에게 나의 선택이 실패한 것이 아니라는 것을 보여 주기 위해서 교주의 죽음을 신격화하고 미화하는 과정으로 쉽게 넘어갑니다. 인지 부조화라고 하지요. 내가 기대했던 것과 벌어진 현실의 괴리에서 두려움이 생기는 것입니다. 실제로 통일교인들은 문선명이 죽은 것이 아니라 하늘과 땅, 영계와 육계를 오고 가면서 자신들을 다스리고 있다고 믿고 있습니다.

최근 가장 문제를 일으키는 단체인 신천지에 대해 살펴보겠습니다. 신천지를 설립한 이만희는 수년 전에 그의 후계자로 김남희를 지목했습니다. 김남희가 이만희의 후계자로 지목되면서 신천지의 세대교체도 진행되는 듯했습니다. 그런데 얼마 전 이만희가 김남희를 신천지에서 축출했습니다. 세대교체가 제대로 이루어지고 있지 않은 모습이죠. 신천지는 이만희가 예수의 영이 함께하는 사람이라고 믿고 있습니다. 그런데 어떻게 자기 앞가림, 후계자조차 정하지 못하는 것일까요? 〈현대종교〉에 '영생불사한다는 이만희가 병원에서 정기적인 진료를 받고 있다'는 제보가 왔습니다. 〈현대종교〉 기자가 찍은 영상에는 휠체어에 앉은 채 자신의 진료 순서를 기다리는 이만희의 모습이 있었습니다. 이런 모습이 과연 영생불사하는 보혜사 성령의 모습일까요, 아니면 우리와 똑같은 연약한 인간의 모습일까요.

주목해서 봐야 할 단체가 또 있습니다. "하나님의교회 세계복음선교협회"(이하 하나님의교회)입니다. 하나님의교회 설립자 안상홍은 1964년 이 단체를 시작했고, 1985년에 사망했습니다. 그의 사망 후 후계자로 등장한 장길자가 하나님의교회를 맡고 나서 조직은 더 성장했습니다. 우리가 주목해서 볼 대목입니다. 2세대 교주로 넘어가서 교리가 안정적으로 정착하고 교세가 커졌다는 것은,

종교 사회학적으로 볼 때 신흥종교로 정착해 나아가는 과정이라고 볼 수 있기 때문입니다. 우리는 지금 신천지와 피할 수 없는 영적 전쟁을 치르고 있지만, 우리의 사랑하는 자녀들과 한국교회의 다음세대들은 하나님의교회와 또 다른 영적 전쟁을 치를 수 있는 것이죠. 신천지가 요란하게 성장하는 동안 조용히 최대의 혜택을 누린 단체가 하나님의교회입니다. 저는 하나님의교회에 대한 예방과 대처 없이 21세기 한국교회의 이단 대처는 어렵다고 생각합니다. 세대교체를 넘어선 거의 유일무이한 한국 이단이기 때문입니다.

## 여성 시대

두 번째 키워드는 "여성 시대"입니다. 왜 여성 시대일까요? 많은 이단들의 2세대 교주들이 여성들이기 때문입니다. 통일교 문선명의 부인인 한학자는 참어머니 메시아라고 불립니다. 하나님의교회의 장길자는 어머니 하나님으로 불립니다. 지금은 쫓겨났지만 이만희의 영적 배필로 등장했던 신천지의 김남희, 2018년 출소한 정명석의 부재 시에 JMS를 이끌었던 정조은, 중국의 이 단 단체인 동방번개(전능신교) 교주 양상빈, 이들은 모두 여성입니다. 왜 이렇게 여성들이 등장하는지 궁금했습니다. 물론 국내외에서 여성 리더십이 전면에 등장하는 것은 이상한 일은 아니죠. 그런데 어떻게 가부장적이고 권위적인 한국사회에서 여성들이 강한 조직력을 보이는 이단 단체의 수장으로 등장했을까요?

저는 여기에 1세대 혹은 2세대 남성 교주들이 그 교권을 갖기 위한 과정과 밀접한 연관이 있다고 생각합니다. 한때 이인자였던 사람이 재림주로 믿고 따르던 1대 교주를 언젠가는 배신했기 때문이거든요. 정명석은 문선명을 재림주로 따랐지만 후에는 문선명을 실패한 세례 요한이라고 규정했습니다. 박태선에게서 나온 유재열의 장막성전에 있던 이만희는 그를 따라다녔지만 그 이후에는 유재열을 배도한 세례 요한이라고 폄하하죠. '세례 요한'은 누군가를 준비하는 사람으로 볼 수 있습니다. 자신이 교주로 나타나기 위해서는 전임자에 대한 폄하는 필수입니다. 이렇게 누군가를 배신했던 경력이 있기 때문에 현재 남성 교주들은 그 밑에 있는 남성 이인자들이 부담스러울 수밖에 없겠죠. 그래서 이인자들로 여성이 등장하는 것이 아닌가 하는 생각이 듭니다.

그런데 여기서 우리가 하나 더 짚고 넘어갈 것이 있습니다. 여성들이 리더십으로 등장했다고 생각하지만, 그 내부를 들여다보면 이 여성들 뒤에는 여전히 강한 남성이 있다는 것입니다. 통일교는 한학자 주변에 남성 측근들이 있고, 하나님의교회도 현재 총회장을 맡고 있는 김주철이 있으며, 신천지는 이만희 주변에 여러 남성 지파장들이 있습니다. 또 JMS의 경우 정명석이 있고, 중국의 동방번개는 양상빈 뒤에 조유산이라는 소위 대제사장 남성이 있죠.

여성 중심적인 이단, 그리고 가부장적인 교회. 제가 드리고 싶은 문제 제기입니다. 많은 여성 성도들이 이단들에 미혹됩니다. 왜 여성들이 이단에 많이 빠지는 것일까요. 왜 이단에 가서 위로받는 것일까요. 왜 우리 어머니들은 축도가 끝나기도 전에 부랴부랴 식당으로 가서 봉사할 준비를 하셔야 할까요. 우리 한국교회가 고민할 부분이 있다고 생각합니다. 여성 성도들은 교회의 주축입니다. 교회에서 여성들에 대한 배려와 보살핌이 없다면 이단들에게 우리 교회의 여성들, 우리의 어머니, 아내, 딸들이 빠지는 것을 우리가 막지 못할 수도 있습니다. 이단에게 빠지는 분명한 이유가 우리 안에도 있으니까요.

## 사회봉사

세 번째 키워드는 "사회봉사"입니다. 예전의 이단들은 사회를 어지럽게 하고 가정을 파괴하는 일을 일삼기도 했지요. 그런데 요즘 이단들의 트렌드는 사회봉사입니다. 이단들의 속은 노략질하는 이리인데 사회적으로는 양의 옷을 입고 활동합니다. 그 이유가 무엇인지 궁금합니다. 신천지보다도 규모가 더 크다고 알려진 하나님의교회 홈페이지에 들어가면 지방자치단체장이나 외국 정부에게 받은 상장 등을 볼 수 있습니다. 하나님의교회 신도에게 당신네 이단 아니냐고 물어보면 상장들을 보여 줍니다. 이렇게 좋은 일을 많이 하는데 우리가 왜 이단이냐고 반문합니다.

그럴 때 우리는 어떻게 대답할 수 있을까요? 우리나라의 기독교인은 열 명 중에 많아야 두세 명입니다. 이단의 입장에서 열 명 중에 한두 명 되는 기독교인에게 교리적으로 인정받는 것과 일고여덟 명의 비기독교인들에게 사회적인 공신력을 얻는 것 중 어느 쪽이 유익할까요? 하나님의교회는 곳곳에서 환경정화 활동, 헌혈 등의 활동으로 사회에 접근합니다. 이러한 사회봉사 활동을 잘하는 이단이 있고, 자기만 아는 이기적인 그리스도인이 있다고 한다면 사회는 어느 쪽을 좋아할까요? 이단 문제는 교회의 문제와 밀접하게 연관되어 있습니다. 이단들이 이렇게 교회에 도전하고 있는 것입니다. 우리 교회는 윤리적입니까? 우리 교회는 한국사회에서 충분한 빛과 소금의 역할을 하고 있습니까? 우리는 정말 정결한 그리스도의 신부로 살고 있습니까? 이단들의 도전에 한국교회가 우리 스스로를 되돌아볼 시간이 된 것입니다.

## 사리사욕

네 번째 키워드는 "사리사욕"입니다. 사사로운 이익을 탐하는 것이죠. 이단들은 사회적 섬김이라는 양의 옷을 입고 우리에게 다가오지만 그 저의가 분명히 존재

합니다. 공공이 아니라 사익을 위한 것이 노출되곤 하는데, 일례로 하나님의교회는 2012년에 종말이 온다고 주장했습니다. 많은 피해자들도 나타났습니다. 제가 하나님의교회의 가장 중심에 있는 측근 중의 한 분을 만나 인터뷰를 했는데 그분에 따르면 하나님의교회의 재산이 수조 원에 이른다고 하더군요. 하나님의교회가 2012년과 관련된 종말론을 주장했다는 것에 대해 법원도 2018년에 인정한 바입니다. 그렇다면 2012년, 그들이 종말이라고 주장했던 그해에 하나님의교회는 과연 무엇을 했을까요? 전국 29개 지역에 교회를 세우고 땅을 매입했습니다. 어림잡아도 수천억 원의 돈입니다. 그들은 2012년 시한부 종말론을 주장하면서 이 세상의 땅에 관심을 가졌습니다. 종말은 오지 않았고, 피해자는 경제적인 피해를 보고 하나님의교회는 계속 그들의 부를 축적해 가는, 이런 모순된 행보를 보게 됩니다.

신천지도 마찬가지입니다. 최근 5년 동안 신천지에서 나오는 내부 문건들을 보면 신천지의 재산은 5천여억 원이 넘는 것으로 보입니다. 사업체도 아닌 이들에게 이 돈들이 어떻게 생겼을까요? 신천지에 미혹되어, 그들이 주장하는 14만 4천 명을 만들기 위해서 학업을 그만두고, 때로는 직장도 그만두고 가정을 떠나서 거리를 헤매는 많은 청년들이 있습니다. 신천지는 14만 4천 명을 목적으로 합니다. 14만 4천 명이 되면 놀라운 일이 두 가지가 일어난다고 합니다. 하나는 본인들이 영생불사하는 육체 영생을 한다고 믿고 있습니다. 두 번째는 그렇게 영원히 살 뿐만 아니라 자신들이 세상을 다스리는 왕 같은 제사장이 된다고 믿고 있습니다. 14만 4천 명이 차면 세상을 다스리고, 죽지 않고 산다는 것을 믿게 되는 순간 가정도, 직장도, 학교도 내 인생의 2순위가 됩니다. 오로지 내 인생의 우선순위는 14만 4천 명을 채워서 모든 문제를 일시에 해결하는 것이지요.

그런데 14만 4천 명이 이미 넘었는데도 아무 일도 일어나지 않는 불편한 진실을 어떻게 받아들여야 할까요? 매년 1월이면 신천지에서 총회를 엽니다. 그 총회 때마다 신천지의 몰락을 기다리는 어떤 분이 자료를 그대로 외부로 유출해 줍니다. 그 자료에 따르면 2015년에 이미 그들이 말하는 14만 4천 명이 넘었습니다. 이 속에는 많은 허수도 있긴 하겠지만 어쨌든 14만 4천 명이 넘은 것으로 보입니다. 그 숫자가 넘어가고 늘어나는 것은 안타까운 일이죠. 다른 한편으로는 14만 4천 명이 넘었는데도 왜 아무 일도 일어나지 않을까 궁금해지기도 합니다. 신천지의 거짓말이기 때문이죠. 신천지는 최근 교리가 변개되었습니다. 처음에는 14만 4천 명만 차면 본인들의 세상이 된다고 하다가 14만 4천 명이 넘은 뒤로는 '그렇지 않다. 14만 4천은 그냥 14만 4천이 아니라 하나님 마음에 합한 자의 숫자가 14만 4천이 되어야 한다'라고 말합니다. 그런데 이러한 주관적인 기준을 우리가 어떻게 알 수 있을까요? 만약 20만 명이라고 한다면 14만 4천 명에 속하지 못하는 약 5만 5천 명의 앞날은 어떻게 되는 걸까요? 문제는 신천지 안에서 누가 14만 4천 명에 속해 있는지 모른다는 것입니다. 즉 무한 경쟁 체제로 접어드는 것입니다. 헌신이라는 미명하에 착취가 이뤄질 수도 있는 것이죠.

이단들의 일반적인 포교는 만나고 모여서 하는 대면 포교였습니다. 하지만 사이버 공간이 마련된 이후로는 시공을 초월한 이단들의 미혹이 이루어지고 있습니다. 내가 원할 때 언제든지 이단 교리 교육을 받고 지시를 받을 수 있습니다. '하늘팟'이라는 신천지의 공식 팟캐스트가 있습니다. 예전에는 '진리의 전당'이라는 라디오가 있었고, 지금은 하늘팟을 통해 교리 교육, 사회적 이슈에 대한 교육 등을 하고 있습니다. 신도들이 어디 있든지 간에 이것을 통해서 통제가 가능해졌죠.

군에서의 이단 동향도 주목해야 합니다. 최근 군부대에서 휴대폰 사용이 자유로워지고 있습니다. 예전에는 이단 단체에 있다가 입대를 하게 되면 다행이라고 했지만, 지금은 그렇지 않습니다. 새로운 차원에서의 군 선교를 준비해야 할 시점이 된 것이죠.

이제는 만나서 포교하고, 교육하는 대면 포교를 넘어서서 언제 어디서든 이단들이 접촉하고 미혹할 수 있는 간접 포교가 사이버 공간을 통해 이루어지고 있습니다. 최근 이단들의 트렌드입니다.

## 지피지기

이단들의 최신 트렌드에 대해 이야기해 보았습니다. 우리에게 접근하는 이단들을 어떻게 대처해야 할까요? 저는 지피지기(知彼知己)라는 사자성어를 골라 봤습니다. 우리가 이단을 잘 알고 대처해야 이길 수 있기 때문입니다.

우리 교회의 본질은 이단을 정죄하고 분리하는 것일까요, 아니면 피해자들을 치유하고 회복하는 것일까요? 우리 교회는 주변에 있는 이단 피해자들을 치유하고 회복하는 것에 집중해야 합니다. 이단 피해자들이 이단에서 빠져나왔을 때 그 비워진 이단 교리의 자리에 우리가 말씀과 사랑을 채우지 않으면 또 다른 2차, 3차의 피해를 겪게 되기 때문입니다. 그 점에서 기독교 언론들도 이단들에 대한 공신력 있는 정보를 신속, 정확하게 지속적으로 알리면서 피해자들이 더 생겨나지 않도록 노력해야 한다고 생각합니다.

새롭게 업그레이드하면서 다가오는 이단들에 대한 관련 정보를 우리가 모른다면 이단에 대처하는 것도 어려울 것입니다. 이단도 알고 우리도 알아야겠죠. 지피지기가 중요합니다.

**Q** 우리 한국교회가 이단들의 트렌드를 잘 알고 있다고는 하나, 이단들은 자신들의 단체를 계속 업그레이드하고 있잖아요. 그에 맞춰 한국교회는 발전하고 있는지에 대해 생각해 보게 되었습니다.

**A** 요즘 이단들의 특징은 교리는 그대로라는 것입니다. 건물을 고치는 것을 리모델링 한다고 하는데, 이단들이 그렇습니다. 그들의 교리와 본질은 그대로이지만 안과 밖을 꾸미고 있는 것입니다. 그렇게 업그레이드하는 이단들의 포교 전략에 우리가 미혹될 수도 있기 때문에 이단 관련 정보를 지속적으로 얻는 것이 중요합니다.

**Q** 그런데 이단들이 사회 분위기를 타고 우리 안으로 들어올 수 있는 핵심적인 배경은 뭘까요?

**A** 구한말에서 일제 강점기 때 한국 기독교의 중심은 평양과 서울이었습니다. 이때 많은 이단들이 기독교의 중심에서 가장 멀리 떨어진 부산에서 생겨납니다. 통제가 약했기 때문에 이단들에게는 발흥해서 성장할 수 있는 옥토와 같은 곳이었죠. 그리고 이단들은 후발주자이기 때문에 사회적 역기능을 노출했을 때는 자칫하면 견제당하고 어려움을 겪을 수 있다는 것을 알고 있죠. 그래서

이단들은 그들의 모습을 업그레이드합니다. 속은 노략질하는 이리라고 하더라도 양의 옷을 입죠. 양의 옷을 입고 활동하면서 본인들의 순기능을 노출해야 사회가 안심할 것이고, 자신들의 생존 가능성을 높일 수 있기 때문입니다. 우리가 그 본질을 분석하고 보는 것이 중요한 주제라고 할 수 있습니다. 양의 탈을 쓴 이단들이 일으킬 수 있는 그 내재된 위험성을 꾸준히 사회에 폭로하며 문제점을 알리고 예방하는 역할을 우리 교회가 하려면, 우리가 건강해야 합니다. 우리는 정통과 이단을 구분하지만, 기독교 밖에서는 단지 '교회 안의 밥그릇 싸움'이라고 본다면 어떻게 할 것입니까? 이단을 규정하는 주체에게 더 많은 문제가 있다고 사회가 판단한다면 어떻게 하겠습니까? 교회가 건강해야 이단에 효과적으로 대처할 수 있다고 생각합니다.

**Q** 교회가 건강해야 이단에 효과적으로 대처할 수 있다는 사실을 교회들이 명심해야 할 것 같습니다. 두 번째 주제인 "이단 트렌드"를 한마디 키워드로 정리해 주세요.

**A** "조심이 안심이다"라고 말씀드리고 싶습니다. 이단들은 다양한 트렌드를 가지고 때와 장소를 가리지 않고 우리에게 접근하고 있습니다. 교회와 말씀을 떠나 우리가 사회봉사를 하거나 어학연수나 해외 봉사를 가거나 누군가를 만날 때 늘 영적으로 조심해야 나와 우리 가족이 안심하고 살 수 있겠다는 생각이 듭니다. 그래서 "이단 트렌드"의 키워드는 "조심이 안심이다"라고 결론 맺고 싶습니다.

# 이율배반의
# 이단

이단이라는 용어를 사용하기란 여간 조심스럽지 않습니다. 일제 강점기에는 불교, 천주교, 기독교를 제외하고 나머지 종교들은 유사 종교로 분류했습니다. 일제 강점기 후반부터는 충남 계룡산이나 전라도 모악산을 중심으로 많은 신흥종교 운동들도 일어났습니다. 그러나 이런 신흥종교 운동들을 이단이라고 부르지 않았습니다. 이단이라는 것은, 본인들은 기독교라고 하지만 정통과는 다른 기독교 계통의 신흥종교 운동에 붙인 것입니다. 이단이라는 말은 교회 내 언어로 볼 수 있기 때문에, 사실 일반 방송에서 자주 사용하는 용어는 아닙니다.

그런데 몇 년 전 세월호 사건을 통해 참 특별한 상황을 겪었습니다. 이단이라는 교회 내 용어가 사회적으로 상당히 사용된 것입니다. 그 당시 세월호와 관련되었다고 보이던 구원파에게 이단이라는 용어가 많이 사용된 것이죠. 어떻게 보면 우리의 이단 대처에 있어서 세월호 사건은 상당한 전환점이기도 합니다. 왜냐면 교리적으로 사용하던 이단이라는 용어 안에, 한국사회의 부정적 가치 판단이 본격적으로 담기기 시작한 때가 그때라고 볼 수 있기 때문입니다.

## 구원파 유병언, 이요한, 박옥수

한국의 이단 단체 중, 자신들이 붙인 이름이 아니라 외부에서 부르는 이름으로 널리 알려진 단체가 있습니다. 바로 구원파라는 단체이죠. 구원파라는 명칭은 구원파가 사용했던 용어에서 기인한 것이 아닙니다. 이들은 정통교회의 전통적 구원관과 다른 주장을 하기 때문에 우리 정통교회가 이들을 구원파라고 부른 것입니다. 구원파는 세월호 사건과 관련해 논란이 있었던 유병언의 구원파만을 이야기하지 않습니다. 한국의 여러 교단은 유병언, 이요한, 박옥수 이 세 사람의 각 단체를 구원파로 분류합니다. 이중 유병언의 사회적 인지도가 높은데, 세월호 사건을 통해서 구원파, 유병언 등의 이름이 우리 입에서 많이 오르내렸기 때문입니다. 유병언은 사업을 통한 종교에 관심을 많이 가졌습니다. 신도들이 사업이 종교라고 이해했을 정도입니다.

그런데 유병언의 이러한 모습에 실망을 느낀 사람이 있었습니다. 바로 이요한입니다. 원래 이름이 이복칠이라고 알려진 이요한은 유병언의 행보에 실망하고 유병언이 이끌던 기독교복음침례회에서 이탈하게 됩니다. 현재 이요한은 "생명의말씀선교회"(공식 명칭: 대한예수교침례회)라는 단체를 만들어 활동하고 있습니다. 이요한의 경우, 구원받은 의인이라는 주장을 하면서 또 설교를 통해 임박한 종말을 이야기하기도 합니다. 예를 들어, 여러분이 살아있는 동안에 종말을 볼 수 있다는 등의 이야기를 하지만 그 말과는 달리 실제로는 교역자, 목회자들이 연금과 관련해서 든든한 대비를 해 놓기도 합니다. 또 임박한 종말을 이야기하면서도 교회 내에 큰 건물을 짓고자 노력하는 모습도 보입니다. 말과 행동이 다른 모습들을 보이는 것이죠.

박옥수의 기쁜소식선교회도 많이 알려진 곳입니다. 이들은 부산에 있으면 기쁜소식부산교회, 대전에 있으면 기쁜소식대전교회 등 지역명을 사용합니다. 따라서 교회 이름에 '기쁜소식'이라는 단어와 지역명이 함께 들어갈 때는 혹시 우리가 구원파로 분류하는 이 단체가 아닌지 살펴볼 필요가 있습니다. 하지만 학원가에서는 기쁜소식선교회보다는 "IYF"라는 이름으로 많이 활동합니다. 국제 청소년 조직으로 활동하면서 방학을 이용한 해외 봉사, 해외 어학연수, 영어 말하기 대회 등의 행사를 주관합니다.

예전에 〈현대종교〉가 전국의 120여 개 대학을 조사한 적이 있었습니다. 거의 모든 대학에 IYF 동아리가 있는 것을 확인했습니다. 우리 자녀들이 대학에서 건전한 선교 동아리보다 이단 단체들의 동아리를 만나게 될 수도 있는 것입니다. 그들이 자신의 정체를 노출하지 않고, 건전한 단체와 명칭이 유사하거나 우리가 잘 알 수 없는 이름으로 접근한다면 더욱 그 정체를 알기가 쉽지 않겠죠. 어학연수나 봉사 활동하러 가서, 혹은 영화나 합창 등의 공연을 보러 갔다가 IYF와 친밀한 관계성이 생기고 그 관계성을 통해 교리 교육을 하려고 한다면 거절하기가 쉽지 않을 것입니다.

박옥수, 이요한, 유병언의 단체들을 한국교회는 구원파라고 부르고 있습니다. 구원파의 여러 교리적인 주장 중 하나가 '우리의 죄를 진심으로 깨닫고 자백하고 회개하면 그것으로 족하다'라는 단회적 구원관입니다. 한국교회가 구원파를 이단으로 분류하는 주된 이유이기도 합니다. 사실 우리 그리스도인들은 예수님을 그리스도로 믿고 구원받지만, 그것이 우리 선한 싸움의 끝은 아니죠. 오히려 시작입니다. 주님이 다시 오실 때까지, 혹은 우리가 죽을 때까지 예수님처럼 생각하고, 말하고 느끼기 위해 노력하면서 우리가 점점 성장해 가야 하는 것이지요. 웨스트민스터 신앙고백은 전자를 칭의, 후자를 성화라고 합니다. 예수 그리스도를 믿고 죄 사함을 받았다면 우리에게는 여러 가지 아름다운 성령의 열매들이 열리고 그 열매를 통해 우리는 온전해져 갑니다.

하지만 구원파는 한 번의 회개로 그것이 가능하다고 이야기하죠. 참 이상한 것은 구원파에서 주기도문을 하지 않는 것입니다. 왜냐면 주기도문의 "우리가 우리에게 죄지은 자를 사하여 준 것같이 우리의 죄를 사하여" 달라는 반복적인 기도가 그들의 교리와 맞지 않기 때문입니다. 교재와 참고서가 뒤바뀐 격입니다. 예수님께서 이렇게 기도하라고 가르치신 주기도문의 내용이 교리와 다르다고 해서 우리가 사용하지 않을 수는 없습니다. 성경은 예수님에 대해서 증거 합니다. 우리가 예수님을 그리스도로 믿을 때 하나님께서 우리에게 은혜를 베풀어 주셔서, 우리 삶이 하나님의 영광을 위한 삶으로 바뀌도록 해 주는 것이 우리 교회의 신앙입니다. 종교 개혁자들이 "오직 말씀, 오직 그리스도, 오직 믿음, 오직 은혜, 오직 하나님의 영광을 위하여"라고 말했던 것이 바로 그 것이죠. 우리는 예수님을 그리스도로 증언하는 성경의 내용을 가감할 수 없습니다.

만약에 세상의 권세자가 나타나서 예수님을 믿으면 불이익을 주고 죽이겠다고 하면 그리스도인의 선택은 두 가지뿐입니다. 예수님을 떠나 배교하든지 아니면 그분을 위해 끝까지 내 십자가를 지고 순교하든지. 중간은 없습니다. 주님을 끝까지 따르다가 박해받거나 순교한 사람들의 이야기가 교회의 역사입니다. 그런데 교리를 위해서 성경의 내용을 가감한다? 한국교회가 구원파를 비성경적인 이단이라고 분류하는 이유입니다.

## 성락교회 김기동

누가 봐도 명확한 이단이 있는가 하면, 교회인지 이단인지 혼동을 주는 단체들도 있습니다. 그런데 최근에 이런 단체들과 관련된 주요한 사건들이 연달아 터졌습니다. 먼저 우리가 알고 있는 이단 성락교회의 김기동과 관련된 내용입니다. 한국교회의 이단 계보는 교주를 재림 예수로 신격화하는 통일교 계열도 있고, 교주를 보혜사 성령으로 신격화하는 박태선의 전도관 계열도 있지만, 소위 귀신론 계열도 주요한 계열 중 하나입니다. 통일교 계열, 전도관 계열, 구원파 계열, 귀신론 계열이 한국교회 이단의 큰 줄기라고 할 수 있죠.

김기동은 예수님을 믿지 않고 죽은 불신자의 영이 귀신이라고 주장합니다. 우리가 걸리는 질병 혹은 불운, 불행 등의 원인 제공자가 바로 이 귀신이라고 말합니다. 그래서 우리의 문제들을 해결하기 위해서는 귀신을 내쫓아야 한다며, 축사 의식을 행하기도 합니다. 물론 복음서를 보면 예수님이 많은 이들을 치료하시지요. 예수님의 치유는 때로는 되고 때로는 안 되는 불완전한 것이 아닙니다. 그런데 이단들의 치유, 치병은 될 때도 있고 안될 때도 있는 '안 되면 할 수 없고' 식입니다. 이것을 예수 그리스도의 교회에 속한 온전한 치유라고 보기는 어렵겠죠.

치유, 축사 행위 등을 통해 많은 금전을 취득했는데, 그 재산이 공공의 유익이나 교회를 위해서가 아니라 개인에게 집중된다면 이 역시도 우리가 상식적으로 이해하기는 쉽지 않습니다. 김기동은 구속은 되지 않았지만, 법정에서 배임, 횡령 등의 혐의로 3년 형을 받게 됩니다. 목회자는 교회 재정의 관리자이며 청지기일 뿐 소유자가 아닙니다. 자기가 마음대로 할 수 있는 것이 아니죠. 그런데 교회의 재정을 잘못된 영적 권위를 가지고 사용했다면 범죄임이 분명합니다.

## 만민중앙교회 이재록

좀 더 충격적인 사건은 이단 만민중앙교회의 이재록과 관련된 내용입니다. 이재록은 상습 준강간 혐의로 16년의 중형을 선고받았습니다. 상습이라는 것은 멈추지 않고 지속적이었다는 것입니다. 1999년에 유사한 문제가 제기됐었죠. 그런데 그 당시만 해도 만민중앙교회 신도들이 방송국을 찾아가서 관련 방송을 못 하도록 했습니다. 그 뒤로 꼭 20년이 지났습니다. 우리가 어떤 사건을 두고 가정한다는 것은 조심스럽지만, 만약 그때 이러한 범법적인 사실이 밝혀져서 처벌을 받았다면, 20년 동안의 피해는 막을 수 있지 않았을까요? 준강간이라는 의미는 항거 불능 상태의 피해자가 있었다는 것을 의미합니다. 그런데 그것이 신체적인 항거 불능 상태가 아니라 영적인 권위를 가진 종교 지도자에 의한 영적인 항거 불능 상태였다고 한다면 어떨까요? 그러한 범죄는 죄질 면에서 더 나쁘다고 볼 수 있습니다.

교리적으로 이재록을 이단이라고 부르는 이유는 그의 설교를 직접 들어봐도 알 수 있습니다. 우리가 이해하기 어려운 설교들이 있는데요. 예를 들어서 아담이 UFO를 타고 에덴동산에 왔다든지, 공룡들이 아담의 애완동물이었다든지 하는 것들입니다. 우리가 듣기에는 실소를 자아내지만, 누군가는 이 내용을 듣고 큰 소리로 "아멘"을 합니다. 누군가에게 영적인 권위를 갖는 사람이 어떤 성적인 범죄를 저지르려고 했을 때, 피해자의 상태는 어떨까요? '왜 이 지도자가 나에게 이런 일을 하지'라는 옳고 그름의 잣대로 보기가 쉽지 않을 것입니다. 온전히 신뢰하는 종교 지도자가 그런 범법 행위를 한다고 했을 때, 오히려 내가 이 사람에게 순종해야 하는가 불순종해야 하는가의 잣대로 판단하게 되죠. 옳고 그름의 잣대가 아니라 순종과 불순종의 잣대로 받아들이는 겁니다. 그렇게 교육이 된 것이죠. 그루밍 성폭력이라는 것과 유사하다고도 볼 수 있습니다. 그래서 이재록이 징역 16년형을 받고 감옥에 들어가게 된 것입니다.

## 은혜로교회 신옥주

사회적으로 많은 논란을 일으킨 이단 은혜로교회 신옥주와 관련된 내용을 살펴보겠습니다. 여러 차례 언론에 노출된 것처럼 신옥주는 성경에 대한 해석의 큰 권한이 본인에게 있다고 주장합니다. 그리고 한국에 곧 종말의 때가 닥칠 것이고, 이 종말을 피하기 위해서는 남태평양의 피지라는 곳으로 가야 한다고 주장했죠. 그래서

600여 명 이상의 신도 중 400여 명이 피지로 이주해서 오늘까지 있습니다.

특히 신옥주는 '타작마당'이라는 의식을 통해 사람들을 폭행했습니다. 예배 중에도, 소위 사적인 죄를 자백하는 공간에서도 폭력이 거리낌 없이 자행되었습니다. 가족들 간의 폭력도 조장했습니다. 딸이 엄마를, 엄마가 딸을 폭행했습니다. 어린아이들은 폭행 현장을 그대로 보고 있었죠. 죄명이 왜 '공동 상해'이고 '아동 학대'인지 알 수 있는 대목입니다. 문제는 지금까지도 피지에 있는 신도들입니다. 얼마 전에 그곳에서 제작한 동영상을 보니 400여 명의 신도들이 '목사님, 사랑합니다'를 외치고 있었습니다. 신옥주가 6년 형을 받고 감옥에 들어갔는데도 말입니다. 그 동영상의 마지막은 신옥주의 설교로 마무리되었습니다.

교주가 사망하거나 감옥에 갇히면 나의 선택이 틀렸다고 판단하고 속히 그 단체를 떠나야 합니다. 그런데 실제로는 교주가 사망해도, 교주가 감옥에 갇혀도 이단 단체는 유지됩니다. 우리는 이단 단체의 교주가 위법 행위의 대가를 치르고 있다고 보지만, 신도들은 그들의 지도자가 부당하게 정죄받고 있다고 생각합니다. 이단 문제는 단순히 성경의 조각 지식 문제가 아니라, 성경을 보는 눈의 문제입니다. 이단들은 성경의 조각 지식을 가르치는 것이 아니라, 성경과 가족과 세상을 바라보는 눈을 교육하는 것입니다. 그 눈을 한번 갖게 되는 순간, 가정도 세상도 성경도 다르게 보이게 됩니다. 노란색 안경을 쓰면 모든 것을 노란색으로 보게 되는 것처럼 말이죠.

## 하나님과 이웃으로부터 사랑받는 교회

스스로 기독교라고 이야기하나 기독교가 아닌 이단으로 분류되는 단체, 또 스스로 종교라고 주장하지만 말과 행동이 다른 단체들을 '사이비 종교'로 분류하기도 합니다. 이렇게 분류하는 이유는 이런 단체들을 통해서 종교적 순기능보다는 오히려 범법적인 사회적 역기능이 일어나고 있고, 이는 종교의 본질적인 의미나 목적과는 완전히 차이가 있기 때문이지요.

그런데 만약 신격화된 이단 교주와 비윤리적인 정통 교회 지도자가 있다고 한다면 누가 더 나쁜 사람일까요? 저는 어떤 이단 연구를 마무리할 시점이 되면 꼭 하는 작업이 있습니다. 그것은 이단 교주의 위치에 목회자를 대입해 보고, 이단들의 잘못된 행위에도 목회자의 행위를 대입해 보는 것입니다. 제가 그렇게 하는 이유는 이단은 이단이기 때문에 정죄하고 교회는 교회이기 때문에 면죄부를 주는 것은 아닌가 하는 걱정 때문입니다. 이단 대처, 이단 연구라는 명목으로 스스로 지나치게 호교론적인 모습을 보이는 것은 아닌지에 대한 저 나름의 안전장치입니다.

존 웨슬리는 감리교 창시자입니다. 우리는 존 웨슬리를 경건주의자라고 부릅니다. 웨슬리는 이렇게 이야기합니다. "우리 기독교인들이 복음에 대해서 할 수 있는 것은 두 가지다. 하나는 그 복음을 믿는 것, 다른 하나는 그 복음대로 사는 것이다." 우리 신앙은 말뿐만이 아니라 행동까지도 포함합니다. 만약 우리 신앙인들이 교회 안에서는 손들고 눈물 흘리면서 찬송하지만, 교회 바깥에서는 사람들에게 손가락질받는 삶을 산다면 과연 그것이 참된 그리스도인이라고 할 수 있을까요?

우리 교회의 첫 교회인 소래교회 이야기로 잠깐 들어

가 보겠습니다. 소래교회는 1895년에 세워진 조선의 첫 교회입니다. 그런데 참 특별한 일이 있었습니다. 이 교회가 세워질 때, 마을에 많은 동학교도들이 있었거든요. 동학은 서학의 반대 입장에 있었으니 그들이 기독교에 대해서 어떻게 생각했을지 짐작할 수 있습니다. 그런데 놀라운 일은 기독교인들이 소래교회를 건축한다고 하니까 마을의 많은 동학군들, 동학군 장수와 그의 부인이 교회를 짓기 위해 건축 헌금을 한 것입니다. 한국의 첫 교회는 그랬습니다. 무엇 때문에 동학교도들이 건축 헌금을 내기까지 했을까요? 초대교회인 소래교회의 신앙인들이 어떻게 하나님을 사랑했고, 이웃을 섬겼는지 짐작할 수 있는 대목입니다. 교회를 새로 짓는다고 했을 때 비록 믿음은 다르지만, 동학교도들이 그 건축을 그냥 보고만 있지 않고 도움을 준 것입니다. 지금과 다르게 우리의 첫 교회는 이렇게 민족으로부터, 주변으로부터 사랑받던 교회였습니다.

요즘 한국교회를 향한 비판이 많습니다. 저는 이 비판들을 참 감사하게 생각합니다. 그 이유는 우리 주변의 많은 분들이 교회가 구한말 때부터 우리 민족을 위해서 어떻게 했는지를 잘 기억하고 있다는 뜻이기도 하기 때문입니다. 교회가 민족과 어떻게 함께했고, 민족을 위해 어떻게 살아왔는지를 기억하고 있는 것이죠. 다른 말로 하자면 한국사회는 교회에 높은 기대치를 가지고 있습니다. 우리가 그 기대치에 못 미쳤을 때 사회는 교회를 향해 날카로운 비판을 하는 것입니다. 그래서 오히려 감사하죠. 문제는 우리입니다. 그 비판을 귀담아듣고 우리 스스로를 개혁해 낸다면 우리는 다시 한번 개혁의 주체가 될 것입니다. 그러나 그 비판의 소리를 흘려듣는다면 우리는 개혁의 주체가 아니라 개혁의 대상으로 전락하게 될 것입니다. 그 갈림길에 한국교회가 서 있습니다.

우리 주변의 많은 이율배반의 이단들이 우리 교회와 가정을 미혹하고 있습니다. 말과 행동이 다르고 때로는 그들의 교리와 전혀 무관한 범법적인 행위들이 드러나고 있습니다. 하나님은 우리에게 믿음과 삶이 함께하는 신행일치의 삶을 원하십니다. 우리가 신행일치의 삶을 살아 내는 것이 이단들을 대처하는 교회의 가장 효과적인 방법일 것입니다.

**Q 교주에게 문제가 있다는 것을 앎에도 불구하고 이단 신도들은 왜 계속해서 교주를 따를까요?**

**A** 우리 생각에는 교주가 사망하거나 혹은 감옥에 갇힌다면, 사회적으로도 문제점이 드러난 것이니까 쉽게 빠져나올 수 있을 것 같은데 현실은 다릅니다. 만약 우리 주변 사람이 이단 피해를 겪거나 이단에 빠지면, 우리는 안타까운 마음에 밤새 인터넷을 뒤져서 그 이단이 잘못되었다는 자료를 잔뜩 준비할 것입니다. 그리고 그 이단이 이렇게 저렇게 잘못되었으니 그곳에서 나와야 한다고 이야기하면 곧장 돌아올 것 같은 기대와 바람을 가지고 찾아갑니다.

그런데 참 이상한 것은 한국이라는 공통된 사회에서 같은 언어를 사용하고 비슷한 정서를 느끼며 살아가는 같은 한국 사람인데, 소통이 되지 않습니다. 이야기를 하면서도 서로 다른 지점을 향해 각자 가고 있다는 느낌을 받습니다.

왜 이런 느낌이 드는 것일까요? 그것은 이단들이 단순히 성경 해석이나 지식을 가르치는 것에 그치지 않고, 교리 교육을 통해 우리의 눈을 바꾸어 가기 때문입니다. 그들로 인해 바뀐 눈에 어떤 안경을 썼을 때, 그 안경을 통해서만 보이는 가족, 세상, 성경을 보게 되는 것이죠. 그 안경을 쓰고 보는 것들은 누군가에게는 상식이지만, 누군가에게는 몰상식 혹은 비상식이 되는 것입니다.

**Q 주변에 이단에 빠진 사람이 있어요. 이단에 빠져 시선이 바뀌었기 때문에 이단에 대한 정보를 주어도 나오기가 쉽지 않아 보입니다. 어떻게 하면 이단에서 나오게 할 수 있을까요?**

**A** 이단 문제는 내가 잘못하거나 누군가가 잘못해서 생기는 일이 아닙니다. 이단 문제가 생긴다고 해서 부끄러워하거나 죄스러워하지 마십시오. 많은 이단 문제들이 교회의 중직들과 그 자녀들에게도 생기거든요. 그럴 때마다 숨기면 예후가 더 안 좋습니다. 오히려 교회의 목회자들이나 전문가들에게 조심스럽지만 건강하게 노출하는 것이 더 중요할 수 있습니다.

공신력 있는 정보와 이단 문제에 대한 전문가의 상담도 필요합니다. 이단 피해자들의 모임도 곳곳에 있습니다. 피해자들의 모임에서 비슷한 아픔을 느끼고 있는 분들이 자신의 사례를 통해 서로 위로하고 치유하며 문제 해결을 위해 노력할 수 있습니다. 이런 도움과 모임 등을 통해 적극적으로 준비하셨으면 좋겠습니다.

사실 이단 문제가 생기면 교회 차원에서도 조금 부담스러울 수 있습니다. 평범한 신앙생활을 하면 될 텐데 왜 이런 문제가 생겼을까 할 수도 있겠죠. 그리고 지인이 그런 일을 당하게 되면 도움을 주고자 하는 마음도 있지만, 시간이 길어지게 되면 지칠 수도 있습니다. 이단 문제가 생겼을 때 무엇보다 가족들의 큰 힘이 필요합니다. 가족들이 이 문제에 대해 충분히 인지하고, 이를 해결하기 위한 장기적이고 적극적인 지원을 하는 것이 중요합니다.

**Q 전문 기관의 도움을 받는 것도 중요할 것 같습니다. "이율배반의 이단"을 한마디 키워드로 정리해 주세요.**

**A** 기독교인들에게는 상식적인 이야기입니다만, "말씀대로 살자"입니다.

# 이단의
# 성(聖)과 성(性)

이단들의 성 문제에 관하여 이야기해 보겠습니다. 이단들의 다른 여러 범죄도 있지만, 최근에는 성적인 범죄가 이슈되고 있습니다. 이 문제에 대해 "이단의 성(聖)과 성(性)"이라는 제목으로 짚어 보겠습니다. 결론적으로 이단들은 스스로를 거룩하다고 하며 성은 거룩한 행위라고 말하지만, 실제로는 그들이 말하는 거룩함이 아닌 사람들의 성을 노리는 경우가 많습니다.

## JMS 정명석

성적인 범죄를 저지르고 사회적인 대가를 치른 교주가 있습니다. 정명석입니다. 우리가 JMS라고 알고 있는 단체의 지도자이죠. 정명석은 10년 동안 감옥에 있다가

2018년 2월 출소했습니다. 어떻게 종교 지도자라는 사람이 10년이라는 중형을 받고 감옥에 있었을까 하는 의문이 들기도 합니다. 그가 출소 때 차고 있던 전자발찌가 이를 설명합니다. 성적인 범죄의 피해자들이 정명석을 고소, 고발하자 정명석은 일본, 대만, 홍콩, 중국 등지로 도망을 다녔습니다. 인터폴은 정명석을 가장 최고 등급인 적색 수배자로 분류해서 수배하기도 했죠. JMS의 일들이 벌써 십수 년 전 일인데 우리가 오늘 이 문제를 굳이 다룰 필요가 있을까 하고 생각하실지 모르겠습니다. 그런데 〈현대종교〉에 따르면, 정명석의 출소를 전후하여 JMS의 활동이 상당히 활발해지고 있습니다. 이들은 문화 예술 동아리, 체육 운동 동아리 등 눈에 띄지 않는 위장 동아리 형태로 캠퍼스 안에 있습니다. 이러한 JMS의 조직들의 활동이 정명석의 출소와 함께 아주 노골적이고 공개적으로 나타나고 있습니다.

특별히 염려스러운 것은 청소년들과 청년 대학생들입니다. 이들은 정명석이 구속당할 즈음에는 아주 어린 나이였거나 사회적 이슈에 아직 관심이 없을 나이였는데, 이제 이들이 성인이 되었습니다. 이들은 JMS에 대해 잘 모를 수 있지만, 여전히 JMS의 타깃은 청소년과 청년 대학생입니다. 최근까지도 많은 제보가 들어오고 있습니다.

JMS로 인한 피해는 한국만의 문제는 아닙니다. 여러 나라에 피해자들의 아픔이 있습니다. 정명석 출소에 대한 일본 반응도 눈여겨볼 만합니다. 일본에는 통일교 피해자를 돕는 300여 명의 변호사로 구성된 "변호사 연락회"가 있습니다. 그런데 이 단체에서 정명석이 출소하자 "정명석이 출소했으니 조심해야 한다"라는 내용의 성명서를 냈습니다. 일본의 여러 대학 내에도 JMS가 종교 단체가 아닌 문화 예술, 치어리딩, 모델 동아리 등의 모습으로 활동하기 때문입니다. 한 뉴질랜드 여성은 한국에서 겪은 JMS와의 일들을 뉴질랜드 사회에 알렸는데 언론에도 보도되어, 한국이 망신을 당하기도 했죠.

최근 중국의 한 종교 관련 인터넷 사이트를 보았습니다. 정명석이 중국에서 체포되어 조사받는 과정들이 동영상으로 게재되었는데, 의아했던 것은 한국에서 스스로 재림 예수라며 당당했던 정명석이 중국 조사 과정에서는 재림 예수, 주님으로서의 모습을 전혀 찾아볼 수 없었다는 것이었습니다.

## 이단 문제는 상식이 아닌 영적인 문제

우리는 때로 이단 문제를 상식과 합리성의 눈으로 보려고 합니다. 하지만 상식적이지 않고 합리적이지 않은 이단 문제를 어떻게 상식적이고 합리적인 눈으로 이해할 수 있을까요? 이단 문제는 상식이나 지적인 수준의 문제가 아니라, 신앙의 문제이고 영적인 문제입니다. 그래서 누구든지, 신앙의 연륜이 있고 교회 직분이 있는 분들이라도 이단에 빠지는 것입니다.

정명석이 수감된 지 수년이 지났을 때, 서울의 큰 체육관에 JMS 신도들 수만 명이 모여 정명석이 감옥에서 나오기를 기다리는 행사를 진행했습니다. 거기 모인 사람들에게 무슨 문제가 있거나 특별한 이유가 있다고 생각할 수 있지만 아닙니다. 이단 교주들은 사회적, 신학적 교육을 받지 못한 사람들이 대부분이지만, 이단 단체의 핵심 간부들은 고학력층이 많습니다.

정명석을 따라다니며 JMS의 초기 조직을 세우는 데 많은 역할을 했던 사람들은 우리가 잘 알고 있는 S대나 사관 학교 학생들이었습니다. 왜 그럴까요? 이러한 부분을 연구하는 미국의 한 이단 연구가는 "똑똑한 사람들의 허점"에 대해 이야기합니다. 그들은 이단과의 첫 접촉이 상식적이고 합리적이었다면, 그다음에 아무리 비상식적이고 비합리적인 것이 보여도 스스로 그것을 정리하고 극복해 내는 능력을 가지고 있다고 합니다.

예를 들어서 정통교회의 성경 공부를 통해서 예수 그리스도를 만나지만, 이단의 성경 공부를 통해서는 이단 교주를 일방적으로 만나게 됩니다. 성경 공부 끝에 어떤 사람이 신격화돼 있다면 뒤돌아서서 나올 것 같지만, 똑똑한 분들은 또 고민한다고 합니다. 자신의 선택이 틀리지 않았다는 걸 보여 주기 위해서 말도 안 되는 신격화를 이해하려고 노력한다는 것이죠. 여러 심리적 요인들이 신앙적 요인들과 함께 복잡하게 자리하고 있는 것입니다.

## 이단들에게 위장과 거짓말은 기본

그렇다면 우리가 JMS의 접근 방법을 알아보면 되지 않을까요? 그런데 그것이 쉽지 않습니다. 지난 2018년 평창 동계올림픽이 열렸을 때 JMS는 올림픽 서포터즈를 모집한다는 포스터를 붙였습니다. 모집 분야는 모델, 공연 댄스, 의전, 자원봉사였습니다. 청년 대학생들이 호감을 보이는 분야이죠. 동계올림픽 조직위원회가 경고하여 모집을 멈췄지만, 우리 주변의 청소년들이나 청년 대학생들은 지원할 수도 있었겠죠. 만약 지원했다면 JMS와의 친밀한 관계성이 형성될 수 있습니다. 이단들은 우리에게 있어도 되고 없어도 되는 것으로 다가오지 않습니다. 손익 계산이 빠른 인간들은 아무것도 득이 되지 않을 것을 택하지 않습니다. 그래서 이단들은 보암직하고 먹음직한 걸 가지고 다가오죠. 1강 "이단과 거짓말"의 키워드가 "세상에 공짜는 없다"였습니다. 그 공짜를 택했을 때 영적인 대가를 치를 수 있다는 것을 다시 한번 기억해야 합니다.

목사님의 반대에도 불구하고 왜 굳이 비밀스러운 외부 모임에 가야 할까요. 복음서의 비밀스러운 이야기를 해 준다고 하면 가족들에게도 쉬쉬하면서 꼭 가야 합니까. 신천지는 이렇게 이야기하죠. "나하고 성경 공부하는 거 말하지 마. 복음서에 보면 보화가 감춰진 밭을 봤을 때 비밀로 하지 않았어? 당분간 비밀로 하자고." 그런 이야기에 우리가 혹하게 되는 것이죠. 우리 신앙은 당당하고 떳떳한 것입니다. 우리는 정체를 감추거나 거짓말을 하지 않는 정공법을 사용합니다. 그것이 기독교입니다. 그래서 이단들은 기독교의 범주에 들어올 수 없습니다. 자기를 숨기기 때문이죠.

## 친밀한 관계성 형성을 통한 미혹

이단의 미혹은 초등학교, 중학교부터 시작됩니다. 최근 〈현대종교〉에 제보한 어떤 분은 초등학교 6학년 때 JMS와 접촉이 되었다고 하더군요. 기독교복음선교회(CGM)는 JMS의 공식 명칭입니다. 이 명칭을 따른 자원봉사단이 있습니다. 입시를 준비하는 요즘 학생들은 자기만의 스펙을 만들고 싶어 합니다. 학생들이 주민자치센터에서 서류 정리하며 봉사 점수를 얻는 것도 한두 번일 것입니다. 그런데 이단들은 학생들에게 눈에 띌 만한 스펙을 제공해 주겠다고 합니다. 국가에서 인정하는 사회봉사 학점도 취득할 수 있게 해 줍니다. 학생들이 점수를 위해 이런 봉사 단체에 참석하게 되고, 그 멤

버들과 관계성이 형성되면서 이단에 빠지는 것입니다.

한 청소년이 가정생활이나 신앙생활에 불만족하며 힘들어할 때 JMS를 접하게 되었다고 합시다. 그곳의 언니 오빠들이 지극정성으로 그 청소년을 돌봐 준다면 힘들고 아픈 가정과 집이 편할까요, 이단이라는 이야기를 듣지만 JMS에 더 마음이 갈까요? 모든 이단 문제는 개인의 문제를 넘어서서 주변을 꼭 살펴볼 필요가 있습니다. 원인 제공자는 이단이지만 이단에 빠지게 된 많은 요인을 주변에서 찾을 수 있습니다. 그게 우리 가정과 교회의 대안이 될 수 있습니다. 그 위험 요소들을 제거해 가야 합니다.

이렇게 접촉이 이루어지고 관계성이 형성되면 1년에 몇 차례 충남 금산의 월명동이라는 곳으로 수련회를 가게 됩니다. 이곳은 정명석의 고향으로 그의 생가도 있습니다. 생가를 복원하여 그곳에 넓은 모임 처도 만들어 놓았습니다. 그곳에서 중고등학생들이 여러 행사에 참여하게 되는 것입니다. 누군가는 JMS인 줄 모르고 왔을 수도 있고 누군가는 알고 왔을 수도 있죠. 제가 상담했던 한 여학생은 JMS의 교리 교육을 다 마친 상태였습니다. 그 교육을 마치게 되면 정명석을 주님으로 고백하게 됩니다. 제가 그 여학생에게 물었습니다. "그럼 정명석을 주님으로 믿니?" 여학생은 제 눈을 보면서 당당하게 그렇다고 대답했습니다.

이단들의 미혹은 요람부터 무덤까지 이루어지고 있습니다. 중고등학생들뿐만 아니라 대학생, 청년들도 모이고 있습니다. 문제 있는 학생들이 아니라 우리 주변의 평범한 젊은 청년들이죠. 이단에 빠지고 안 빠지고는 지적 수준, 상식과 무관하며 누구든지 빠질 수 있습니다. 그렇기 때문에 주변의 누군가가 이단에 빠졌다면, '왜 빠졌을까'가 아니라 '어떻게 이 문제를 해결해야 할까'에 집중해야 합니다.

## 성적(性的) 교리의 계보

정명석은 통일교였습니다. 문선명을 재림주로 믿었죠. 정명석의 통일교 입회 원서에 따르면 고향인 충남 금산에서 통일교에 입회한 것으로 보입니다. 정명석은 문선명을 따르는 기간 동안 산기도를 했다고 합니다. 거기서 정명석은 그가 믿고 따라다니는 문선명이 재림주가 아니라 세례 요한이라는 계시를 받게 됩니다. 그 세례 요한도 실패한 세례 요한이었던 거죠. 정명석은 통일교에서 나와서 그만의 조직인 기독교복음선교회, JMS를 만들게 됩니다. 그래서 통일교의 교리와 정명석의 "30개론"이라는 교리가 상당한 유사성을 갖는 것입니다. 우리가 한국교회 이단 문제를 이야기할 때 '계보'라는 표현을 종종 씁니다. 독자적으로 갑자기 나타난 이단 단체보다는 이전에 있었던 이단 단체에 속해 있다가 영향을 받았거나 관련 있는 이단 단체들이 많기 때문이죠. 이를 우리가 '이단의 계보'라고 부르는데, 정명석의 JMS는 통일교에서 영향을 받아 시작한 단체입니다.

《기독교 근본 원리》라는 책이 있습니다. 이 책은 김백문이 쓴 교리서입니다. 김백문이 이끄는 단체는 교세가 그렇게 크지는 않았습니다. 그런데 이 책의 내용과 문선명의 《원리강론》의 내용을 비교하면 너무나 똑같습니다. 저작권법을 완전히 위반했다고 할 수 있을 정도로 그 내용과 형식, 목차가 아주 똑같습니다. 누군가는 그런 새로운 교리를 만들었는데 지리멸렬하게 없어져 갔고, 누군가는 그 교리를 똑같이 가져와서 자기 것으로 만들었는데 승승장구한 이유가 무엇인지 궁금해집니다.

　이 두 책의 기본적인 내용은 이렇습니다. 뱀으로 변한 사탄이 하와와 성적 관계를 갖고 인류가 영적인 타락을 했다고 합니다. 이후 하와가 아담과 성적 관계를 가졌고 이로 인해 인간들이 육적으로 타락했다고 합니다. 그래서 인류가 타락했다는 것이죠. 그 타락을 회복하기 위해서 하나님이 두 번째 아담을 보냈는데 그가 바로 예수 그리스도라고 합니다. 문선명과 김백문에 따르면 예수 그리스도가 자기 사역을 완성하지 못하고 실패했다고 하는데요. 이유는 예수님이 결혼해서 죄가 없는 자녀들을 낳아야 이를 통해 세상에 참 가정이 이뤄지고 왕국이 건설되는데, 예수님이 결혼을 못 하고 독신으로 돌아가셨기 때문이라는 겁니다. 그래서 제3의 아담인 문선명을 이 땅에 보냈다는 것이 이 교리의 줄거리입니다.

　여기서 한국 이단들의 특징을 보면, 이들은 대부분 동방을 한국이라고 해석합니다. 성경을 굉장히 자의적으로 해석하지요. 그런데 중국의 '동방번개'라는 이단은 '재림주의 임함이 동편에서 서편까지 번개가 번쩍이는 것 같다'라는 마태복음 24장 27절 말씀을 따라서 자신들의 단체를 '동방번개'라고 부른다고 합니다. 중국 이단은 중국이 동방이다, 한국 이단은 한국이 동방이다. 일본 이단은 물론 일본이 동방이겠죠. 그런데 한국 이단의 해석이 창의적입니다. 박태선에 따르면 중국은 한국보다 서쪽이라서 동방이 아니라고 합니다. 일본은 한국보다 동쪽에 있으니까 일본이 동방이 아니냐고 하면, 박태선의 대답은 이렇습니다. "그건 성경을 모르고 하는 이야기다. 이사야 41장은 '섬들아 내 앞에 잠잠하라'며 시작한다." 성경을 자의적이고 임의적으로 해석하는 것이죠. 스스로의 교리적 주장을 합리화하기 위해서입니다. 이들의 주장에 따른다면, 동방 박사나 동방의 의인인 욥도 한국 사람이었던 걸까요? 성경 전체를 읽는 게 아니라 성경의 부분을 침소봉대하는 것입니다. 이단들이 하는 성경 해석의 특징이지요.

이러한 두 가지 교리를 가지고 있었기 때문에 김백문과 문선명은 성적인 문제에 대한 사회의 의혹을 받았고, 또 그로 인한 문제들이 야기되기도 했습니다. 정명석은 문선명의 교리를 답습하고 그에게 영향을 받았기 때문에 실패한 세례 요한인 문선명 대신 그 스스로가 재림주가 된 것입니다. 그에게 성적인 행위란 범죄가 아니라 재림주로서 구원의 의식입니다. 그렇기 때문에 그의 성적인 범죄는 우발적인 것이 아니라 계획적인 것입니다. 일반 사회의 언론은 정명석의 이러한 행위에 대해서 사회 윤리적으로 문제가 있다고 지적할 수 있지만, 우리가 볼 때는 교리적 면에서 성적으로 문제가 있을 수밖에 없는 태생적 한계가 있는 것입니다. 그래서 정명석의 출소와 함께 여러 분야에서, 또 다른 나라에서 범죄의 재발이 있지는 않은 것인지 염려하는 것입니다. 사회적으로 문제가 있다고 판단하면 같은 일이 반복되지 않을 수 있습니다. 그런데 그것이 아니라 누군가 잘못된 사명을 완수해야 한다고 생각하는 순간, 종교적 합리화를 통해서 범죄가 아닌 사명이 되는 것입니다. 그렇기 때문에 종교 범죄가 위험한 것이죠.

## 이단을 이기는 교회의 거룩함

교회 역사를 보면 거룩함과 성적인 것이 건강한 대립 관계에 있었습니다. 초대교회를 보면 하나님과 하나 되기 위해서 금욕적인 삶을 살았습니다. 거룩함을 위해서 자신의 성을 억제한 것이죠. 금욕주의자들과 수도자들이 그랬습니다. 그렇게 교회는 거룩함과 예수 그리스도와의 하나 됨을 위해서 성을 억제하지만, 이단들은 성(聖)과 거룩함을 빙자하고 악용해서 성(性)을 노립니다.

이단들의 성범죄는 계획적이고 조직적인 확신 범죄입니다. 멈추기가 힘든 것이고 그래서 피해가 더 깊습니다. 우리가 이러한 이단 단체들에서 나타나는 성적인 문제를 볼 때 개인의 잘못된 선택이라기보다는 교리적인 이유와 배경이 있다는 것을 알아야 합니다. 단순하게 사회 윤리적으로 볼 것이 아니라, 우리 주변의 또 다른 피해자가 생기는 것을 막기 위해 교회가 소리를 내야 합니다. 그래야만 추가적인 피해자가 생기지 않습니다. 나의 가족 문제, 나의 자녀 문제라고 생각하고 접근하면 의외로 우리가 그 해답에 쉽게 다가갈 수 있습니다.

이단들에게 나타나는 성적인 문제, 거룩한 성을 이용해서 새로운 성적인 범죄를 저지르는 이단들이 우리 주변에 있습니다. 그들의 모습을 분별할 수 있는 지혜가 필요한 세상에서 우리는 살고 있습니다.

**Q** 성 문제를 일으킨 JMS가 젊은이들을 어떻게 미혹하는지 알게 되는 시간이었습니다. 출소한 정명석이 화려하게 부활했고, 성도들은 그를 계속 추종하고 있습니다. 이게 어떻게 가능한 걸까요?

**A** 우리는 그것을 범죄로 보고 그의 수감 생활을 범죄의 대가라고 보지만, 누군가는 그것이 부당한 정죄라고 생각합니다. 이단 문제는 하나의 사건을 두고 완전히 다르게 보는 눈들이 만들어 내는 과정 같습니다.

미국의 한 이단 연구가는 그런 현상이 일어날 수 있는 것을 바이트 모델(BITE MODEL)로 설명합니다. 바이트는 '문다'라는 뜻이잖아요. 그 약자를 이용해서 B는 Behavior control. 그러니까 습관을 통제하는 겁니다. 무엇을 입을지, 몇 시에 교리 교육을 할지, 이단에 미혹되면 그런 통제가 일어나기 시작하죠.

두 번째 I는 Information control입니다. 이단에 빠지면 가족, 친구와의 관계가 멀어집니다. 또 이단들은 인터넷 언론 같은 것도 못 보게 합니다. 그것이 '선악과'라고 하며 먹으면 죽는다고 이야기합니다. 정보는 오로지 그를 교육하는 이단 단체의 멘토에게서만 얻을 수 있죠.

세 번째 T는 Thought control, 사고를 통제하는 겁니다. 이단들의 교리 교육을 말합니다. 우리는 이단을 잘 모르지만, 이단은 우리를 잘 압니다. 이단 교리 교육을 통해서 이 사람을 이단 단체로 데려갈 수 있다고 확신합니다. 신천지가 거짓말을 하는 이유도 두 달 동안만 그렇게 하면 자기네 편으로 만들 수 있다는 확신 때문입니다. 마지막 E는 Emotional control, 감정 통제입니다. 가족, 친구들과 떨어져 있어서 외롭잖아요. 그 외로움을 친밀한 관계성을 통해서 보살펴 줍니다. 이단들의 미혹의 기술은 단순하지 않습니다. 조직적인 기술을 통해서 접근해 교육시키고 통제하기 때문에, 비상식이 상식으로 보이는 거죠.

**Q 우리가 보통 철저하지 않아서는 이단들을 대적하기가 쉽지 않을 것 같습니다. 그만큼 교회가 많은 노력을 기울여야 할 것 같고요. "이단의 성(聖)과 성(性)"을 한마디 키워드로 정리해 주세요.**

**A** "성(聖)스러운 교회가 성(性)스러운 이단에 대처할 수 있다." 교회가 윤리적으로 우월하고 거룩함을 유지하며 정결할 때, 교회와 다른 이단의 모습이 보일 것입니다. 이단은 거룩함을 이용하지만, 교회는 거룩함으로 성적인 것에 집착하고 노리는 이단을 대처할 수 있습니다. 이번 주제의 키워드는 "성(聖)스러운 교회가 성(性)스러운 이단을 이긴다"라고 정리하겠습니다.

# 이단들의
# 종말론 오류

종말론은 이단들이 가장 선호하는 아이템입니다. 앞서 본 것처럼 우리는 이단 문제를 볼 때 상식적으로 이해하기 어려운 부분들이 있습니다. 교주가 사망했거나 감옥에 갇혔는데 단체는 계속되는 점, 이단 단체가 주장하던 종말론이 실패했는데 단체는 여전히 영향력을 갖는 점 등이 그것입니다.

종말론은 크게 두 가지로 나눌 수 있습니다. 어떤 교주는 '그날이 온다'라고 가르치며, 날짜를 설정합니다. 또 어떤 교주는 '그날이 오면'이라고 이야기하며, 특정한 조건을 제시합니다. 이 조건이 완수되면 종말이 온다는 겁니다. 전자를 시한부 종말론, 후자를 조건부 종말론이라고 표현할 수 있습니다.

## 시한부 종말론

이단 단체의 적잖은 수가 시한부 종말론자들입니다. "이단과 거짓말"에서도 종말론의 거짓을 다뤘습니다. 미국에서 시작된 안식교도 1844년에 종말이 온다고 주장했지만, 종말은 오지 않았죠. 종말이 오지 않자 그들은 '하늘나라 지성소에 예수님이 들어갔고 그곳에서 우리를 조사하고 심판하고 계신다'라는 주장으로 교리를 바꿨습니다. 여호와의 증인은 1914년에 종말이 온다고 주장했습니다. 당시 사람들에게 제1차 세계 대전이 종말같이 느껴졌는지도 모르겠습니다. 하지만 그 후 제2차 세계 대전, 한국전쟁을 비롯한 여러 전쟁이 일어났죠. 이 역시 불발된 시한부 종말론이었습니다.

한국 이단들도 비슷한 양상을 보입니다. 한국의 대표적인 시한부 종말론 단체는 하나님의교회입니다. 〈현대종교〉가 소장한 자료 중 하나님의교회에서 발간한 자료들을 보면 그들의 시한부 종말론은 1988년부터 시작되었습니다. 종말이 1988년에 온다고 했는데 오지 않았습니다. 1999년에도 온다고 했는데 또 실패했죠. 그리고

2012년에도 종말을 주장했는데 역시 실패했습니다. 이렇게 특정한 날, 구체적으로 연월일까지 정해 놓고 그날이 온다고 강조합니다. 그날이 실패하면 시한부 종말의 날을 다시 설정합니다. 끝이 없습니다. 시한부 종말이 실패해도 떠나지 않는 신도들이 있기 때문이죠.

앞서 말씀드렸듯이 안식교는 시한부 종말 실패 후, 소위 '조사심판설'이라는 것을 만듭니다. 그런데 한국에 안식교를 소개하는 데 큰 역할을 했던, 건강 세미나로 유명한 이상구 박사가 얼마 전 안식교를 떠났습니다. 평생을 몸담아 왔던 안식교를 떠나면서 그는 "조사심판은 반복음적 오류이며 폐기되어야 한다. 건강 세미나를 통해 안식일 교회에 입교하신 분들에게 꼭 드리고 싶은 당부의 말씀이다"라고 말했습니다. 이처럼 시한부 종말론을 주장하는 단체가 비록 사회 윤리적인 문제를 일으키지 않고 사회적 순기능을 하는 것 같지만, 그렇다고 시한부 종말론의 문제점이 없어지는 것은 아닙니다.

1988년 하나님의교회가 만든 자료에는 1988년이 종말의 때라고 말하고 있습니다. 세상 종말이 온다는 것입니다. 그런데 오지 않았죠. 또 반복적인 주장이 제기됩니다. 하나님의교회가 상습적으로 시한부 종말론을 주장했다고 하는 정통교회의 비판에 대해, 이들은 늘 부인해 왔습니다. 그런데 하나님의교회에 문제 제기를 했던 남편들이 있었습니다. 아내들이 하나님의교회에 빠진 남편들이었죠. 하나님의교회 앞에서 1인 시위를 하기도 했습니다. 그렇게 시위하자, 하나님의교회는 이들을 업무 방해 혐의로 고소, 고발했고 재판이 진행되었습니다.

남편들은 하나님의교회가 상습적으로 시한부 종말론을 주장했다고 했고, 하나님의교회는 이를 부인했습니다. 남편들은 하나님의교회의 시한부 종말론 주장으로 인해 가정이 어렵게 되고 재산도 빼앗기고 심지어는 이혼까지 했다고 말했는데, 하나님의교회는 그런 원인을 제공하지 않았다고 했습니다.

그러던 중 2018년 6월에 아주 의미 있는 판결이 나왔습니다. "하나님의교회는 1988년, 1999년, 2012년경에 시한부 종말론을 제시하여 여러 기독교 단체로부터 이단 지정을 받은 바 있고, 언론이 원고 교회(하나님의교회)의 시한부 종말론 제시에 대해 취재하거나 실제로 보도하기도 하였다." 남편들의 '하나님의교회가 상습적으로 시한부 종말론을 주장했다'라는 주장이 거짓이 아니라고 법원도 판단한 것입니다. 또 판결문은 "하나님의교회의 일부 신도들이 통상적인 정도를 넘어선 과도한 종교 활동과 헌금 등의 문제로 심한 가정불화가 발생하고, 이혼까지 이른 사례들도 있다"라고 적시했습니다. 이 남편들과 같은 피해자가 다수 있는 것을 보고 법원은 남편들의 주장이 허위가 아니라고 판단한 것이죠. 하나님의교회에 대한 대처에 중요한 근거가 만들어졌습니다.

하나님의교회는 국내외에서 사회봉사 활동으로 사회적 순기능을 하는 단체인 것처럼 보이지만, 실제로는 이러한 판결을 받은 단체입니다. 우리가 이 점을 잊어서는 안 됩니다. 특별히 청소년부터 30-40대 가정주부들이 조심해야 합니다. 왜냐면 하나님의교회는 양육과 가사로 힘들어하는 30-40대 주부들이 보이면 짝을 지어서 아이를 돌봐 주고 집을 청소해 주기도 합니다. 관계가 형성되어 하나님의교회에 한번 가자고 하면 거절하기 어려워집니다. 엄마가 가게 되면 아이들도 당연히 따라가겠죠. 남편은 이를 나중에 알게 되어 화를 내며 가지 말라고 할 것입니다. 남편의 이런 반응에 지금껏 가정을 우선으로 생각하던 아내가 '내 종교의 자유를 막을 거면 이제 그만 이혼하자'라고 말한다면 남편의 마음이 어떨 까요. 아마 대부분의 남편들은 어떻게 해서든 가정을 지 키기를 원할 겁니다. 그래서 아내가 하나님의교회에 가 는 걸 용납하거나 때로는 자신도 따라가게 되죠.

## 조건부 종말론

시한부 종말론이 '그날이 온다'며 그날과 그때를 설정 한다면, 조건부 종말론은 특정한 조건을 제시합니다. 그 조건이 충족되는 '그날이 오면'이라는 전제이죠. 신 천지를 예로 들자면 14만 4천 신도가 채워지는 날이 오 면 영생불사하고 세상을 다스리는 왕 같은 제사장이 된 다고 합니다. 누군가가 신천지에 빠져 가정과 아이까지 두고 집을 나갔다면 우리는 그를 이해하기 힘듭니다.

그런데 만약 내가 신천지와 접촉하게 되어 신천지의 교리를 받아들이게 되었다고 합시다. 어서 빨리 14만 4천 명을 채워서 모든 것을 한번에 바꾸고 싶겠죠. 영생 불사하고 세상의 주인이 되고 싶습니다. 그런데 가족들이 내가 신천지 교리를 공부하고 사람들에게 포교하는 것을 못 하게 합니다. 신천지 교리를 포기하지 않는 한 한 가지 선택만 남게 됩니다. 그 선택은 사랑하는 가족을 포기하는 것이죠. 이러한 종말의 조건을 제시하고 사람들에게 헌신이라는 미명하에 합법적인 착취가 이루어지기도 합니다. 문제는 이러한 조건이 충족되었는데도 아무 일도 일어나지 않는 현실입니다.

그러면 시한부 종말론과 조건부 종말론 중 어느 게 더 문제일까요? 사실 이러한 질문 자체가 우문입니다. 하지만 생각해 보면 시한부 종말론은 그들이 지정한 날짜가 지나면 조금 수그러들기도 하지만, 조건부 종말론은 그들이 주장하는 특정 조건을 계속 변경할 수 있다는 것입니다. 조건을 계속 변경하기 때문에 끊임없는 문제 발생의 소지가 있는 것이죠. 이들에게 특정 조건은 바꾸기가 쉽습니다. 이단들은 성경의 권위를 훌쩍 뛰어넘는, 그 스스로가 신이거나 계시를 직접 받는 교주의 존재를 인정하기 때문에 성경의 내용뿐만 아니라 교리의 내용도 언제든지 수정할 수 있기 때문입니다. 그래서 종말의 날을 새로 설정하거나, 종말의 조건을 새로 만드는 것이죠.

신천지는 14만 4천 명만 차면 된다고 하다가, 14만 4천이 넘어서자 '14만 4천은 그냥 14만 4천이 아니라 하나님 마음에 합한 자의 숫자가 그렇게 되어야 한다'라고 변경했습니다. 2018년 신천지 통계에 따르면 신천지 신도 수는 20만 명이 넘었다고 합니다. 요즘은 14만 4천에 대한 강박 관념 때문에 전국에 있는 12개의 신천지 지파들이 수를 부풀리기도 한다고 합니다. 허수도 있긴 하겠지만 14만 4천 명이 만약 넘었다고 한다면 상식적으로 20만 명 중 약 5만 5천 명은 어떻게 되는 걸까요. 구원의 숫자는 14만 4천이라는 실제적 숫자니까 나머지 5만 5천 명이 14만 4천 명에 속하지 않은 것을 알게 되면 당장 빠져나오겠죠. 문제는 14만 4천 명이 누구인지 아무도 모른다는 것입니다. 끝없는 희망 고문, 무한 경쟁이 시작되는 겁니다.

이만희가 쓴《천국 비밀 요한계시록의 실상》이라는 책이 있습니다. 신천지는 이만희 스스로가 신격화한 적이 없다고 하지만 놀랍게도 이 책의 저자는 '보혜사 이만희'입니다. 보혜사는 예수 그리스도입니다. 이만희는 스스로를 신격화하고 있는 것이죠. 14만 4천 교리가 등장하게 된 이유는 '신일합일 육체영생'이라는 핵심적인 교리 때문입니다. 이 책에 '영육이 하나 되는 첫째 부활'이라는 장이 있는데 이곳에서부터 이러한 신일합일, 소위 14만 4천 교리가 시작됩니다. 그 내용을 보면 "육체가 없는 순교한 영은 육체가 있는 이긴 자를 덧입고 이긴 자들은 순교한 영들을 덧입고 신랑과 신부처럼 하나가 되어 산다"라고 합니다. 신천지의 주장은 이전에 순교한 14만 4천의 순교자의 영과 이긴 자, 즉 현재 신천지 신도 14만 4천의 영이 하나가 된다는 것입니다. 신랑과 신부처럼 하나 되는 것이 신일합일 교리입니다. 그렇게 14만 4천 명을 채우고자 하는 것이죠.

신천지는 개역한글 성경을 사용합니다. 신천지가 주장하는 구절은 요한계시록 20장 4절 "예수의 증거와 하나님의 말씀을 인하여 목 베임을 받은 자의 영혼들과 또 짐승과 그의 우상에게 경배하지도 아니하고 이마와 손에 그의 표를 받지도 아니한 자들"에 나옵니다. 신천지는 개역한글 성경만 보면서 이 두 그룹을 다른 그룹으로 해석합니다. 앞에 있는 '목 베임을 받은 자들'은 순교한 14만 4천, 그리고 뒤에 나오는 '우상에 경배하지 않은 자들'은 신천지 신도들이라고 해석하면서 이 두 그룹이 합일하는 것이 그들의 목적입니다. 그런데 문제는 성경에서는 이 두 그룹이 다른 그룹이 아니라 하나의 그룹으로 본다는 것입니다. 신천지는 개역한글 성경만 가지고 요한계시록 20장 4절을 자의적으로 해석해 성경 내용과 무관하게 하나의 그룹을 둘로 나눈 것입니다. 그것이 신천지의 첫 번째 오류입니다.

두 번째 오류는 신천지는 이러한 일들이 앞으로 벌어질 일이라고 이야기하지만 여기에 나오는 목 베임을 받은 자들, 우상에게 경배하지 아니한 것, 표를 받지 아니한 것, 천 년 동안 왕 노릇 하는 것 등의 내용을 원어 성경인 헬라어 성경으로 보면 앞으로 일어날 일이 아니라 이미 일어난 완료형으로 쓰였다는 것입니다. 신천지는 같은 그룹의 사람들을 둘로 억지로 나누어서 순교자의 영, 신천지 신도들의 영으로 해석했을 뿐만 아니라 이미 일어난 이 사건을 앞으로 일어날 것처럼 해석합니다. 자의적, 임의적으로 성경을 해석하여 나타난 오류입니다. 신천지의 가장 핵심적인 교리 14만 4천의 근거 자체가 허구인 것이죠. 그래서 이단 상담자들은 신천지의 교리는 마치 펜 위에 세워져 있는 집과 같아서 펜을 넘어뜨리는 것은 그렇게 어렵지 않다고 이야기합니다. 하지만 이단에 빠진 사람을 우리가 쉽게 빼낼 수 있을지 몰라도 이단 교리가 있던 자리를 말씀과 사랑으로 채우는 일이 쉽지 않습니다. 그 허구는 금방 깨지지만, 그 허구가 들어있었던 자리를 채우고 회복하는 것에 교회가 관심을 가져야 합니다.

14만 4천 명에 들지 못한 5만 5천 명의 신천지 신도들은 미래가 혼란스러울 것입니다. 신천지는 최근 "인 맞음 확인 시험"이라는 시험을 만들었습니다. 신천지에 빠지게 되면 나와 나를 신천지로 데려간 사람과 또 신천지 교리를 잘 아는 선교사, 목사 등으로 위장한 제삼자 이렇게 세 사람이 함께 모여 '복음방'이라는 곳에서 교육을 받습니다. 거기서 어느 정도 교육이 이루어지면 많은 사람이 모여서 교육받는 센터인 '신학원'이라는 곳을 가게 됩니다. 그 교육 과정이 총 6개월입니다. 6개월 과정이 끝나면 300문제 시험을 보고 거기서 80-90점을 맞아야 신천지 교회에 등록할 수 있습니다. 등록 후 한 사람을 포교하면 신천지 총회에 등록할 수 있게 됩니다. 오랜 과정과 시간이 걸리게 되죠. 그 과정을 통과해서 신천지 신도가 되었고 14만 4천 명이 되었는데도 아무 일도 일어나지 않습니다. 그런데 또 14만 4천 명을 가리는 시험이 생긴 겁니다. 무한 경쟁, 무한 희망 고문이 시작된 거죠. 신천지는 이러한 과정을 통해 그들만의 시각을 가지고 자의적인 성경 해석으로 당당하게 우리에게 다가옵니다. 허구에 기초한 교리인 것도 망각한 채 말입니다.

신천지는 이렇게 시험을 많이 보기 때문에 자기들이 걸어 다니는 성경이라고 주장합니다. 이단들은 잘못된 성경 공부이긴 하지만 열심히 공부하고, 정통교회 성도들은 성경 공부를 잘 안 하는 이상한 세상이 되고 있습니다. 우리가 말씀대로 살면 이단 분별은 은혜로 주어지는 하나님의 선물입니다. 그런데 우리가 성경이라는 기준 없이, 우리의 신앙고백이나 신학에 대한 충분한 이해 없이 이단 운운한다면 우리의 혀는 마녀사냥의 도구가 될 수도 있습니다. 하나님 말씀 위에 우리가 섰을 때 이단 분별은 덤으로 주어지는 은혜의 선물임을 기억해야 합니다.

## 이단 종말론의 오류

이단들은 특정 날짜를 지정하는 시한부 종말론 혹은 특정한 조건을 내세우는 조건부 종말론을 주장합니다. 하지만 성경은 담백하고 정확하게 말씀합니다. 사실 성경을 보는 우리의 시선이 문제이지, 성경은 언제나 명확합니다. 우리가 성경의 행간을 읽을 필요는 없다고 생각합니다. 그 말씀 그대로 따르며 살아가야 되는 것이죠. 예수님의 가르침은 남녀노소가 감동하며 받았던 가르침입니다. 성경은 분명하게 이야기합니다. "그러나 그날과 그때는 아무도 모르나니 하늘의 천사들도, 아들도 모르고 오직 아버지만 아시느니라"(마 24:36).

이단들의 시한부 종말론은 비성경적이고 비상식적인 그들만의 주장인 것입니다. 조건부 종말론자들은 14만 4천 등의 특정한 조건을 내세우지만 성경은 또 이렇게 말합니다. "하나님이 세상을 이처럼 사랑하사 독생자를 주셨으니 이는 그를 믿는 자마다 멸망하지 않고 영생을 얻게 하려 하심이라"(요 3:16). 14만 4천 명을 채워야 영생을 얻는 것이 아니라, 예수 그리스도를 믿는 자마다 영생을 얻는 것입니다.

우리는 예수님을 믿으면 영생을 얻는다고 믿지만, 이단들은 자신들에게 와야 영생을 얻는다고 가르칩니다. 배타적인 구원관을 내세우며 우리를 데려가고자 하죠. 그것이 이단들의 미혹입니다. 일제 강점기부터 한국 이단들은 이러한 종말론을 내세우고 많은 신앙인들을 미혹해 왔습니다. 하지만 성경은 시한부 종말론에 대해서 '그날과 그때는 아무도 모른다'고 분명히 말합니다. 조건부 종말론에 대해서는 '오직 예수님을 믿을 때 영생을 얻는다'고 명확하게 말하고 있습니다. 이것이 이단들이 말하는 종말론의 오류입니다.

**Q** 이단들의 시한부, 조건부 종말론을 우리가 경계해야 합니다. 그러나 우리 그리스도인들은 종말을 잊지 말고 살아가야 한다는 것에 대해 다시 한번 생각해 봅니다. 그런데 많은 사람들이 이단들의 잘못된 종말론에 빠지는 이유는 무엇일까요?

**A** 종말을 통해서 현실적인 어려움을 일시에 해결하고자 하는 마음이 주된 이유가 아닐까 싶습니다. 이단들이 생기는 시기와 성장하는 시기를 보면 늘 사회적으로 어려운 시기인 것 같습니다. 그런데 교회도 역시 그때 성장하거든요. 미국에서는 제2차 각성 운동, 그 이후에 남북전쟁이 일어났는데, 그때 교회가 크게 부흥합니다. 미국 이단도 그때 뿌리를 내립니다. 1907년에 한국교회가 크게 부흥합니다. 그런데 그 시기에 한국 이단들도 뿌리를 내립니다.

사회적인 어려움은 교회가 성장하는 옥토가 되기도 하지만 때로는 잘못된 이단이 나올 수 있는 조건이 되기도 합니다. 그런 어려운 시기, 인간의 힘으로 무언가 할 수 없는 시기, 교회도 손을 놓고 아무것도 해 주지 못하는 그 시기에 이단들이 등장해 자신들을 무능력한 교회의 대안으로 사회에 소개합니다. 그리고 자기들이 정착할 수 있는 자리를 확장해 가면서 지푸라기 하나라도 잡고 싶은 사람들에게 종말론을 제시하는 것이죠. 오늘내일이 어떻게 될지 모르는 사람들에게는 막연한 내세의 소망을 이야기하는 기성종교보다, 오히려 눈앞의 것을 주겠다고 하는 이단의 말이 달콤할 수 있습니다. 설령 그것이 거짓일지라도 말이지요. 사람들의 이런 연약한 마음을 이용하는 것이 시한부, 조건부 종말론의 노림수가 아닌가 싶습니다.

**Q 현실이 너무 힘든데 달콤한 무엇을 준다고 하면 혹할 수 있을 것 같습니다. 그런데 장로님이나 권사님들같이 신앙의 연륜이 있으신 분들도 이단에 빠지지 말라는 보장이 없잖아요. 특히 잘못된 종말론에 현혹될 수 있을 것 같은데요. 오랜 신앙생활을 하신 분들도 이단에 빠지는 이유는 무엇일까요?**

**A** 신앙의 연륜이 오래된 분들도 이단에 많이 빠지시죠. 초신자들보다는 교회 제직들이, 성경에 관심이 없는 분들보다는 성경에 관심이 많은 분들이 이단에 많이 빠집니다. 또 우리 주변에 이단에 빠진 청년들을 보면 "그렇게 착하고 교회, 집밖에 몰랐던 아이가 왜 이단에 빠졌을까?"라는 질문을 하게 됩니다. 역으로 접근해 본다면 '그렇기 때문에' 이단에 빠질 수 있는 것입니다.

교회 역사적으로 보면 초대교회 3백 년, 가장 큰 박해가 있던 시기에 모든 교리의 이단들이 등장합니다. 미국에서 대부흥 운동이 일어났을 때 안식교, 여호와의 증인, 몰몬교 등 미국 이단들의 뿌리가 내려집니다. 한국에서 대부흥 운동이 일어났을 때 많은 이단들이 그곳에서 출현하기 시작합니다. 통일교 문선명, 한학자, 박태선은 모두 평안도 사람들입니다. 우리가 동방의 예루살렘이라고 불렀던 평양이 있는 그곳에서 이단이 출현한 것이죠.

교회의 역사와 성경의 예를 보면 우리들의 신앙 연륜이 깊어질수록, 우리의 교회 사역 직분이 넓어질수록, 나에게 임한 주님의 은혜가 크다고 생각할수록 오히려 우리들의 영적 경각심과 경계심이 더 깊어져야 할 때가 아닌가 싶습니다. 그것이 바로 교회의 역사이고 마지막 때를 살아가는 신앙인들의 지혜가 아닌가 싶습니다.

**Q** 방심은 금물이라는 말씀으로 이해하겠습니다. **"이단들의 종말론 오류"를 한마디 키워드로 정리해 주세요.**

**A** 성경 말씀 그대로입니다. "그날과 그때는 오직 주님만이 아신다."

# 해외의
# 한국 이단들

"해외의 한국 이단들"에 대해 살펴보겠습니다. 요즘 한국 이단들 지형에 변화가 생기고 있습니다. 한국 이단들이 한류를 타고 성공적으로 세계화하고 있고, 이단 종교 시장이 활성화된 한국으로 많은 해외 이단들이 찾아오고 있습니다. 이제는 이단에 대처하지 않는 복음 전도, 해외 선교는 어려운 형편이 되었습니다.

## 중국의 한국 이단들

얼마 전 부산장신대학교에서 한중 이단 대책 세미나가 열렸습니다. 중국 상해의 사회과학원에서 이단 문제를 연구하는 학자들과 한국교회를 위해서 애써 주시는 8개 교단의 이단 대책 위원장들과 함께 세미나를 진행했습니다.

참석한 중국 학자들은 현재 중국에서 활동하는 한국 이단들에 대해 염려하며 그들에 대한 정보를 교류했습니다.

그중 가장 놀라운 내용은, 중국에 진출한 신천지의 현황입니다. 중국 학자들의 정보에 따르면 신천지의 중국 활동이 활발하다고 합니다.

최근 신천지가 신도들에게 시행한 "인 맞음 시험"이라는 자료를 보면 한국의 신천지 세 개 지파가 중국을 집중적으로 공략하는 것을 볼 수 있습니다. 이 자료는 중국 동북 3성에서 포교 활동을 시작해서 중국의 동부 지역으로 확대되는 현황을 보여 주고 있습니다. 서울 경기 남부 지역을 담당하는 신천지 요한 지파는 상해에서 활동합니다. 상해가 신천지 활동의 중심이 되어 가고 있습니다. 천여 명의 신천지 신도들이 정기적으로 모이고, 포교 활동이 금지된 중국 사회에서도 적극적으로 위장 포교 활동을 하고 있습니다. 부산 경남 서부 지역을 담당하는 부산 야고보 지파는 북경과 대련, 심양, 천진, 청도 지역을 담당하여 포교 활동을 하고, 서울 야고보 지파는 길림, 남경, 연길, 장춘, 하얼빈, 도문, 목단강 등지에 신천지 거점을 만들고 포교 활동을 활발하게 하고 있습니다.

참 안타까운 곳은 상해입니다. 중국 신천지 포교의 거점이 되어 버린 상해는 한국교회사적으로 굉장히 중요한 의미가 있는 지역입니다. 우리나라 최초의 상주 선교사인 알렌이 바로 상해에서 조선으로 들어왔기 때문입니다. 상해에서 오신 분들과 이야기를 나누면서 제 마음속에 계속 지워지지 않았던 것은, 우리에게 복음이 들어온 경로인 상해에 한국 이단들, 그것도 가장 문제를 많이 일으키는 신천지를 우리가 수출하고 있는 것은 아닌가 하는 것이었습니다. 복음의 통로가 이단의 통로가 되고 실크 로드가 이단들의 루트가 되는 상황이 된 것입니다. 또 두드러지는 현상 중 하나는 한류를 타고 이단들이 세계화하고 있다는 것입니다. 한류 문화를 이용해서 한국어를 가르친다든지, K-POP을 이용해 현지인들에게 다가가는 등 한국 문화에 대한 관심이 세계적으로 높아지는 것이 이단 포교의 옥토로 이용되고 있습니다.

## 해외로 진출하는 이단들의 노림수

이단들이 이렇게 해외에 진출하는 이유를 무엇일까요?

첫 번째 이유는 그들의 세력 확장과 관련이 있습니다. 한국을 넘어서서 가까운 일본이나 중국뿐만 아니라 교민들이 많이 있는 미국, 캐나다, 호주나 뉴질랜드 지역으로 이단들이 진출하는 모습을 보입니다. 두 번째 목적은 대외 홍보입니다. 이단들은 더 이상 사회적 물의를 일으키며 교회로부터 교리적으로 정죄당한 단체가 아니기를 원합니다. 평범한 사회의 한 구성원임을 보여 주기 위해 해외로 진출해서 그곳에서 긍정적인 사회적 역할을 하고, 그것을 지역 신문과 방송에 의도적으로 노출하면서 홍보 효과를 누리고 있는 것입니다. 내부 통제의 목적도 있습니다. 자기들이 해외로 진출했다, 해외에서 이런 일을 한다는 것을 보여 줌으로써 국내 신도들을 효과적으로 통제할 목적으로 해외 진출을 시도하는 것입니다.

그런데 해외에 진출한 이단들의 세력이 결코 작지 않습니다. 인도차이나 반도인 라오스, 캄보디아, 베트남에 진출한 한국 이단들을 연구하던 중 캄보디아에 갔었는데, 깜짝 놀란 일이 있었습니다. 하나님의교회 안상홍의 저서들이 이미 캄보디아어로 번역되어서 배포되고 있고, 프놈펜 시내에는 하나님의교회 건물이 있었습니다.

선교도 힘든 곳에 이단들이 조직력과 경제력을 갖추고 파고들고 있는 것입니다.

유럽의 상황도 다르지 않습니다. 선교사님들은 하나의 건물을 갖기도 어려운 상황인데 하나님의교회는 곳곳에 그들의 건물을 마련하고 있습니다. 사업도 크게 하지 않는 이들이 이 돈을 어떻게 마련해서 해외의 거점을 급속히 만들어 가고 있을까요.

일간지, 주간지나 월간지에는 하나님의교회 기사들이 실리고 있습니다. 광고가 아니라 기사들입니다. 이런 신문 등의 언론을 통해 그들이 사회적 순기능을 하는 평범한 종교 단체라는 것을 홍보하는 것이죠. 또 하나님의교회는 "175개국 7,500여 교회, 신도 수 300만 명의 글로벌 교회로 성장했다"라고 말합니다. 물론 여기에 허수도 있겠지만, 이들이 보여 주는 사진이나 각종 자료를 보면 정말 많은 곳에 진출해 있다는 것을 알 수가 있습니다.

하나님의교회는 미국에도 상당히 진출해 있습니다. 아마 단일 국가로는 미국에 가장 많은 건물이 있지 않은가 싶습니다. 그래서인지 이미 미국에는 하나님의교회와 관련된 논란들이 주요 언론에도 노출되고, 또 2012년 시한부 종말 주장 논란과 관련해서 많은 가정이 어려움을 겪기도 했습니다. 그 피해자들은 인터넷 사이트를 운영하면서 한편으로는 하나님의교회의 정체를 노출하려고 하고 다른 한편으로는 그들의 피해를 회복하기 위해 노력하고 있죠.

이단들은 해외로 세력을 확장하고 그것을 대내외적 홍보에 이용하고, 국내로 재수입합니다. 우리가 해외 신문에 이렇게 실렸다, 해외에서 이렇게 홍보되고 있다며 국내 신도들을 통제하려는 것이죠. 만민중앙교회나 구원파도 해외 유력지에 광고를 싣고 그것이 마치 기사인 양 한국으로 재수입합니다. 신도들에게는 해외 신문에 자기네 단체가 보도됐다며 선전하죠. 신천지도 마찬가지입니다.

얼마 전 신천지는 신도들에게 〈뉴욕 타임즈〉에 강제 개종을 반대하는 기사가 게재되었다고 홍보했습니다. 〈뉴욕 타임즈〉를 확인해 보니, 기사가 아니었습니다. 돈을 내고 싣는 광고였죠. 광고는 누구든지 실을 수 있습니다. 광고를 싣고 그 광고가 기사로 난 것처럼 국내로 재수입합니다. 마치 세계 여론이 자기들을 도와주고 있는 것처럼 신도들의 여론을 호도하는 것이죠. 이단들은 세력 확장 시도, 대외 홍보, 국내 신도들 통제라는 세 가지 목적을 가지고 해외로 진출하고 있습니다.

## 이단들의 해외 포교 전략

이단들의 해외 포교 방법에 대해 살펴보겠습니다. 첫 번째는 위장 포교입니다. 이단들의 특징 중 하나는 거짓말입니다. 정체를 감추고 다가옵니다. 그리고 종교 선택의 자유를 침해합니다. 교리든 무엇이든 온전한 정보를 알고 있다는 전제하에 종교를 선택해야 합니다. 그것이 종교의 자유입니다. 그런데 제한된 거짓 정보로 우리에게 그 종교 단체를 선택하게 한다면, 헌법이 보장하는 종교의 자유를 침해하는 것이죠. 이단들은 해외에서도 그러한 전략을 사용하고 있습니다.

두 번째는 간접 포교입니다. 우리 기독교는 정공법이죠. 세상이 우리를 받아들이든지 받아들이지 않든지 예수님이 그리스도임을 선포합니다. 복음을 부끄러워하지 않습니다. 언제든 담대하게 거침없이 선포하죠. 하지만 이단들은 간접적으로 접근합니다. 마치 그들이 사회봉사 활동을 하는 단체인 것처럼, 문화 활동을 하는 단체인 것처럼 그렇게 해외에서도 접근을 시도합니다.

세 번째로는 거점을 만들어 가는 포교 활동을 합니다. 신천지 조직을 보면 해외선교부가 있습니다. 해외 포교를 담당하는 부서입니다. 해외선교부는 신천지 신도들을 통해 외국에 이민이나 유학을 가 있는 지인들의 정보를 수집한다고 합니다. 수집된 정보를 신천지 조직이 있는 곳에 분류해서 보냅니다. 이민 생활이나 유학 생활은 외로울 때가 많습니다. 때로는 타국에서 지푸라기 하나라도 잡고 싶은 상황에 처할 수도 있습니다. 그런데 그런 이민자들과 유학생들에게 무슨 고민이 있는지, 경제적 형편은 어떤지, 어떤 관계 갈등이 있는지 등의 정보를 이미 가지고 그들에게 접근해서, 친밀한 교류를 하게된다면 어떻게 될까요? 지푸라기 하나라도 잡고 싶을 때 누군가 친절을 베푼다면 우리는 무장 해제될 수 있습니다. 신천지는 이를 이용해 접근하는 것이죠.

신천지 내부 자료에 따르면 2017-2018년에 신천지 해외 신도 수가 1만 6천여 명에서 2만 2천여 명으로 늘어났습니다. 한국 이단들 중에 현지인에게 집중적으로 다가가는 이단도 있지만, 신천지는 주로 교민들이 많이 거주하는 지역을 타깃으로 합니다. 미국은 LA, 샌프란시스코, 뉴욕, 뉴저지를, 대양주는 시드니, 브리즈번을, 유럽은 베를린을 중심으로, 일본은 후쿠오카, 도쿄 등 교민이 많은 지역의 교회로 침입합니다. 이미 얻은 정보를 가지고 접근하여 위장 포교를 통해 그들의 세력을 넓혀 가고 있습니다.

"하늘문화 세계평화광복"(HWPL)은 신천지의 단체입니다. 그런데 그 어디에도 신천지라는 이름을 찾아볼 수 없습니다. 심지어 HWPL 대표자의 이름조차 나와 있지 않습니다. HWPL의 홈페이지를 찾아보니, 그 대표는 다름 아닌 신천지 교주 이만희였습니다. 해외에서도 HWPL이라는 이름으로 기관이나 여러 단체에 접근하거나 특별히 여성들에게는 IWPG라는 단체로 접근합니다. 그런가 하면 간접적으로 해외에 있는 이들을 미혹하기도 하죠.

하나님의교회는 서포터즈를 구성해서 응원을 잘하기로 알려진 단체입니다. 대구 유니버시아드 대회 때부터 이러한 전략을 쓰고 있습니다. 예를 들어 외국에서 국가 대표팀이 운동 경기를 위해 방문하면, 하나님의교회는 대규모 서포터즈를 구성해서 그들을 도와줍니다. 이들이 돌아가면 개인적 관계성을 갖고 그들에게 연락하고 방문하며 친밀감을 쌓은 후 그 지역에 그들의 교회를 세우기도 하죠. 아일랜드에서 하나님의교회는 한국에서 하는 것처럼 자신들을 알리는 조끼를 입고 거리를 청소하기도 했습니다. 이러한 간접적인 활동을 통해 그들의 이미지를 주류 사회에 어필하는 것이죠. '우리는 한국에서 온 문제 있는 종교 단체가 아닙니다. 우리는 여러분 사회에 도움이 되는 단체입니다.' 이런 이미지를 보여 주려는 것입니다.

박옥수 구원파의 IYF도 마찬가지입니다. IYF 홈페이지를 보면, 월드 문화캠프, 세계청소년부 장관 포럼, 세계대학 총장 포럼, 굿뉴스코 해외봉사단 등이 보이지만 이를 통해서는 이단 관련 단체라는 것을 알기란 쉽지 않습니다. 국내 캠퍼스뿐만 아니라 해외 대학 캠퍼스에도 이런 식으로 접근이 이뤄지기 때문에, 간접 포교가 철저히 진행될 때 그들의 정체를 알아보기가 쉽지 않은 것이죠. 이미 친밀감이 형성되고 기브 앤 테이크 관계가 이루어지면 이단 관련 단체인 것을 알고도 빠져나오기 어려운 상황이 될 수 있습니다.

간접 포교의 예를 보겠습니다. 유럽에는 영어 캠프를 한다는 포스터가 붙기도 하고, 멕시코로 선교 여행을 간다고 하거나 캄보디아에서 영어 캠프를 열기도 합니다. 수많은 학생들이 영어를 목적으로 참석하기도 하죠. 관계성이 형성되면 간접적인 포교가 진행됩니다. 월드 캠프라는 행사는 캄보디아뿐만 아니라 전 세계 곳곳에서 열리는데, 수많은 청년들이 참석하고 또 한국으로 오기도 합니다. 이런 간접 포교는 이단들에게 성공적인 결과를 가져다주는 것으로 보입니다. 또 요즘 해외에 진출한 한국 이단들이 조금 독특한 지형을 보여 주고 있습니다. 단지 그곳에 거점을 만들고 포교하는 것이 아니라, 거점을 만든 그곳에 아예 정착하는 사례들도 있습니다. 인터폴 수사도 어려울 정도로 그곳에 거점을 만들고 활동하고 있는 새로운 형태의 한국 이단들도 나타나고 있습니다.

## 북한에 진출한 통일교

통일교는 이미 오래전부터 해외에 진출한 단체입니다. 1959년 미국에 진출한 이후로 통일교는 전 세계적인 기업

형 종교가 되고 있습니다. 2000년대 초반 한 주간지는 통일교로 인한 피해가 가장 큰 일본에서 3조 원 가까운 거액의 돈이 한국으로 들어오고 있다고 전했습니다. 통일교가 국내에 가지고 있는 땅이 1천 4백만 평이라고 합니다. 땅뿐만 아니라 리조트나 건물도 많습니다. 통일교는 자신들의 경전인《원리강론》에서 이야기하는 문선명이 왕이 되는 지상 천국을 세워 가는 과정이라고 말합니다.

놀라운 사실은 북한에서도 통일교의 영향력이 크다는 겁니다. 문선명의 고향은 평안북도 정주인데, 그곳을 복원해서 '정주평화공원'이라고 이름 지었습니다. 외국의 통일교 신도들이 이곳에 성지 순례를 갑니다. 통일교는 평양 대동강 옆에 '보통강호텔'이라는 최고급 호텔을 가지고 있습니다. 이 호텔은 북한에서 가장 많은 흑자를 올리는 호텔로 조사됐습니다. 그 건너편을 보면 북한 주민을 통일교 일원으로 교화한다는 세계평화센터가 있고, 그 건물 내에는 통일교 평양가정교회가 있습니다. 북한에도, 중국과 러시아에도, 일본을 거쳐 태평양 건너 있는 미국과 대양주, 인도양을 건너 유럽이나 아프리카까지 한국 이단들이 없는 곳이 없을 정도입니다.

얼마 전에 서울에서 신의주를 관통하는 철도 공사가 시작되었다는 뉴스를 보고 마음 한편으로 걱정이 되었습니다. 우리 민족의 통일은 기뻐할 일입니다. 하지만 북한에 이미 진출한 통일교, 중국 동북 3성에 있는 온갖 한국 이단들, 전 세계에 있는 이단들을 떠올릴 때, 그 옛날 실크 로드가 이단 루트가 되는 것은 아닌가 하는 염려 때문입니다. 우리가 백 년 전 그때처럼 다시 하나님의 복음을 들고 우리 기독교 신앙의 중심인 평양으로 가야 할 날도 올 것입니다. 그러나 우리가 그곳을 찾았을 때, 그리고 압록강과 두만강을 넘어 복음 전도를 하고자 할 때, 이미 우리보다 먼저 그곳에 둥지를 틀고 있는 한국 이단들과의 피할 수 없는 거룩한 전쟁이 일어날 수 있습니다. 통일도, 선교도 그저 눈물만 흘리는 감상적인 활동이 아닙니다. 철저한 이단 대처 없이 세계 선교는 어렵습니다.

'이단 대처 없는 선교는 밑 빠진 독에 물 붓기이다'라고 말씀드리고 싶습니다. 우리가 교회 간, 교파 간 경쟁을 통해서 선교지로 향하는 동안 한국 이단들은 조직력과 경제력을 갖추고 선교 오지를 파고 있는, 그런 시대를 우리가 살고 있습니다.

**Q** '실크 로드가 이단 루트가 될지도 모른다'라는 말이 약간 섬뜩하게 느껴집니다. 특히 중국 같은 경우, 종교의 자유가 폭넓게 인정되는 곳이 아닌데도 신천지가 활개 한다는 것은 해외 이단들의 심각성을 단적으로 보여 준 케이스가 아닌가 싶은데요.

**A** 요즘 교회나 언론 기관으로 중국 교회에 대한 염려가 많이 전달되고 있습니다. 선교가 어려운 그 지역마저도 한국 이단들이 활동하는 것은 우리가 주목해서 볼 부분이라고 생각합니다.

**Q** 자국의 이단들도 있을 텐데 굳이 멀리서 온 한국인 교주를 신봉하는 이유가 무엇일까요?

**A** 저도 그 점이 이상합니다. 외국 사람들이 한국의 남자나 여자를 하나님으로 믿고 그들을 보고 싶어서 눈물을 흘리면서 인천공항으로 들어오는 이러한 현상을 어떻게 이해해야 할까요. 여러 가지 이유가 있겠지만, 신흥종교 운동을 외국에서는 대안적 종교(Alternative religion)라고도 표현합니다. 지금 시대에 전통적인 사회 질서나 종교로부터 보호받지 못하거나 충분한 만족을 느끼지 못하는 이들이 많이 있죠. 그런 상황에서 대안적인 새로운 종교의 포교가 진행되었을 때, 이래도 저래도 잃을 것이 없는 누군가가 있다면 한국에서 온 하

나님을 한번 믿어 볼까 하고 생각할 수도 있겠죠. 대안적 종교로 해석도 가능하지만, 한국 이단들의 활동을 보면 대부분 간접적 포교를 합니다. 교리나 믿음, 신앙이 아니라 먼저 사람에 대한 정보를 수집합니다. 그 사람이 어렵거나 힘들어하는 점, 경제적 형편 등의 정보를 얻고 접근하죠. 그러고 나서 관계성을 형성합니다. 친밀감이 형성된 뒤에 자기들 종교 단체로 초청하거나 혹은 소그룹으로 교리 공부를 하자고 하면, 거절하기가 쉽지 않습니다. 그 친밀한 관계성 위에 교리가 덮여 갈 때 조금씩 세상과 가정과 성경을 보는 눈이 바뀌게 됩니다. 해외로 진출하는 한국 이단들의 전략이 바로 그런 것이죠.

**Q 어찌 보면 한국만의 독특한 문화인 정을 이용해서 포교하는 것 같다는 생각이 듭니다. 해외 선교사님들은 한국에서 온 이단들 때문에 너무 힘들다는 고충을 토로하는데요. 방법이 없을까요?**

**A** 해외 선교지에 있는 선교사님들은 더욱 어려움을 느낄 수 있을 겁니다. 거의 모든 선교지에 한국 이단들이 있으니까요. 그래서 〈현대종교〉에서는 모든 기사를 PDF로 만들어 선교사님들의 연락이 오면 바로 보내 드리고 있습니다. CBS도 그 역할을 하고 있죠. 선교사님들이 방송을 통해 이단 대처법에 대한 정보를 얻을 수 있습니다.

여러 매체를 통한 정보 제공도 중요하지만, 교단과 연합 기관의 지원도 필요합니다. 한국교회는 교파주의라는 특징이 있지 않습니까. 그래서 저는 연합 기관의 역할이 더 중요하다고 생각합니다. 한국 기독교의 연합 기관에서 보낸 '그 단체는 우리 한국교회의 어느 교단들이 이단으로 정해서 주의 깊게 보는 단체입니다'라는 편지 한 장만으로도 이단 문제에 처한 선교사님들이 도움을 받을 수가 있습니다. 또 선교지에서 고립된 형태로 어려움을 겪는 선교사님들이 있는데 각 나라나 지역마다 선교사 연합회가 있을 겁니다. 선교지에 어떤 문제가 생겼을 때, 선교사님들이 연합해서 대처할 필요가 있습니다. 혼자 그것을 대처하려고 할 때는 오히려 재정력이나 조직력이 뛰어난 이단들의 타깃이 될 수 있거든요. 공동 대처가 중요하다고 생각합니다.

국내 언론들은 언론대로, 연합 기관은 연합 기관대로, 현지의 선교사들 모임은 모임대로 노력했을 때, 해외에서의 한국 이단들의 활동들을 우리가 제재하고 통제해 나갈 수 있다고 생각합니다.

**Q 해외 선교사님들을 돕기 위해서도 이단 대처는 꼭 필요합니다. "해외의 한국 이단들"을 한마디 키워드로 정리해 주세요.**

**A** "이단에 대처하지 않는 해외 선교는 밑 빠진 독에 물 붓기이다" 로 정리해 보겠습니다.

# 그들만의 왕국을
# 만드는 이단

이단들은 '그들만의 왕국'을 가지고 있습니다. 많이 들어보신 표현이죠. 우리도 배타적인 단체나 삶을 부정적으로 일컬을 때 '그들만의 리그'라는 표현을 씁니다. 이단들도 마찬가지입니다. 이단들은 운명적으로 배타성을 갖고 있습니다. 우리는 예수 그리스도를 통해서 구원받고 영생을 얻는다고 믿지만, 이단들은 자기들에게 속해야만 구원받는다고 주장하죠. 그들에게 와야만 구원받는다고 생각하기 때문에 열심히 교회 생활을 하고 있어도 자기들에게로 데리고 갑니다.

## 그들만의 왕국에 집착하는 이유

평범한 우리들이 손가락질받는 이단으로 가는 것이 쉬

운 것인지, 손익 계산 잘하고 똑똑한 우리 현대인들이 굳이 이단을 선택해서 왜 이단이라는 소리까지 듣는지 한번 생각해 보십시오. 아마도 그것은 우리 교회와 가정에게 없는 그 무언가를 이단들이 준다고 약속했고, 그것을 믿었기 때문일 것입니다.

어떤 이단이 자기들 단체에 90%의 구원의 기회가 있고 정통교회에는 10%만 있다고 주장한다면, 우리는 교회를 떠날까요? 구원의 기회가 10%만 있다고 하더라도, 우리는 그래도 교회에 있는 것이 낫다고 생각할 것입니다. 그래서 모든 이단은 정통교회에는 아예 없는 것이 자기들에게만 있다고 주장합니다. 이단에 빠진 분들이 이단에 모든 것을 바치게 되는 이유입니다. 이단들의 이러한 주장은 구원관과 밀접히 연관되어 있습니다. 이번 주제인 "그들만의 왕국"을 통해 이들이 어떤 신학적인 배타성을 갖고 배타성을 유지하는지 그 이유를 알아보겠습니다.

## 몰몬교의 성전들

이단들이 그들만의 왕국을 세우려는 이유는 크게 두 가지로 볼 수 있습니다. 하나는 그들의 배타적 구원관에 기초합니다. 그들은 '교회에는 없고 우리에게는 있다. 가족이 줄 수 없는 그 무언가가 우리에게 있다'라고 말하기 때문에 신도들은 이단에 올인합니다. 하지만 이단들의 속내에는 그렇게 신도를 확보해서 그들의 재정을 증식시키고, 배타적 구원관으로 신도들을 조직에 남아 있게 해 통제하려는 의도가 있습니다. '우리를 떠나면 벌 받아서 죽을 수 있다. 우리를 떠나면 생명책에서 완전히 지워지게 된다.' 이단들의 공통적인 레퍼토리입니다. 이런 배타적 구원관에는 이단들의 여러 가지 노림수가 자리 잡고 있습니다.

혹시 여러분 주변에 미국에서 전래된 이단 '예수그리스도 후기성도교회'(몰몬교)라는 단체의 건물이 있는지 모르겠습니다. 우리 정통교회는 기독교인이 있든지 없든지 어느 곳에나 가서 전도하며 선교합니다. 하지만 몰몬교는 그 주변에 약 200-800명의 몰몬교인이 있어야 몰몬교회 건물을 세운다는 내부 규정이 있습니다. 근처에 몰몬교회가 있다면 그 주변에는 약 200-800명의 몰몬교인들이 있다는 것이며, 다양한 방법으로 나의 가족 혹은 누군가는 몰몬교인과 접촉할 수 있다고 볼 수 있습니다.

서울 신촌로터리에는 몰몬교 서울 템플이 있습니다. 몰몬교 템플은 한 나라에 한두 개밖에 없습니다. 물론 몰몬교의 본산인 미국에는 많지만, 몰몬교 템플이 있다면 그 나라의 몰몬교인 수가 약 10만 명 정도라고 보면 됩니다. 몰몬교 템플이 몰몬교의 교세를 보여 주는 것이죠. 몰몬교에 따르면 한국의 몰몬교인은 약 8만 5천 명이라고 합니다.

우리가 몰몬교를 이단이라고 하는 이유가 있습니다. 미국에서 몰몬교인들은 커피나 술도 안 마시고 담배도 피우지 않습니다. 브로드웨이에는 이런 몰몬교인들을 사회적으로 적응이 안 된 순박한 사람으로 희화한 뮤지컬도 있습니다. 그들이 이러한 삶을 살고 있다고 하더라도 교리적 문제는 다릅니다. 이단 규정은 사회 윤리적인 규정이 아닙니다. 그들에게 교회는 오직 몰몬교회를 의

미하며, 기독교인은 오직 몰몬교인들만을 의미합니다. 몰몬교의 교리서가 이를 이야기합니다. 세례나 결혼 등도 몰몬교회 건물 내에서 이루어졌을 때만 유효합니다. 몰몬교회가 아닌 교회나 다른 종교에서 이루어진 것은 절대로 인정하지 않습니다. 배타적이죠. 그래서 몰몬교 믿음을 갖게 되었을 때는 몰몬교 이외의 다른 선택은 없게 되는 것입니다.

《몰모니즘》(*Mormonism*)이란 책이 있습니다. 이 책을 쓴 잰 쉽스(Jan Shipps)라는 학자는 몰몬교에 대해 많은 연구를 했습니다. 그는 몰몬교 측에 "몰몬교만이 유일한 예수 그리스도의 교회라는 주장을 포기하고, 그냥 하나의 새로운 종교로 규정한다면 이단 시비에서 벗어나지 않겠는가"라는 제안을 합니다. 이 제안에 대해 몰몬교의 최고 지도자들인 '살아있는 예언자들'이 논의한 후 "그렇지 않다. 몰몬교는 이 땅의 유일한 예수 그리스도의 교회이다"라는 결론을 내립니다. 그들만의 원칙을 재확인하게 된 거죠. 그렇기 때문에 기독교 입장에서 몰몬교를 이단으로 분류할 수밖에 없습니다.

## 여호와의 증인의 왕국회관들

몰몬교와 함께 19세기에 미국에서 생겨난 여호와의 증인을 보겠습니다. 만약 여러분 주변에 여호와의 증인 왕국회관 건물이 있다면, 근처에 약 150명 이상의 여호와의 증인 신도가 있다고 보셔도 됩니다. 우리 기독교는 어떤 지역에 교회가 없다면 일단 교회를 세우고 신앙생활을 하지만, 미국에서 전래된 이런 단체들은 굉장히 실용적인 면들이 있습니다.

여호와의 증인은 몰몬교보다 더 배타적입니다. 세상에 속할 수가 없죠. 그들의 교리서인 《우리는 지상 낙원에서 영원히 살 수 있다》에는 "짐승 같은 정부들이 사탄의 권세를 받았고, 상업 제도는 거짓 종교와 정부들과 더불어 이기심과 범죄 그리고 참혹한 전쟁을 조장하며, 사탄의 세상이 존재하는 한 그리스도인들은 그 악한 영향력에서 벗어나기 위해 계속 투쟁해야 한다"라고 쓰여 있습니다. 여호와의 증인은 이 세상을 사탄의 세상으로 봅니다. 종교, 정부, 제도 이 모든 것이 거짓 종교이고, 세상 정부도, 모든 상업 제도도 사탄에 속해 있다는 것입니다. 그래서 병역도 이행하지 않죠. 사탄의 세상으로 들어가지 않겠다는 것입니다. 그야말로 그들만의 왕국에서 배타적인 구원관을 가지고 있는 것이죠.

교리적으로만 배타적인 것이 아닙니다. 최근 러시아 대법원은 여호와의 증인 포교를 금지했습니다. 여호와의 증인은 세계 곳곳에서 정부와 주변 사회와 많은 충돌을 일으키고 있습니다. 그들의 이런 배타적인 구원관 교리와 밀접하게 연관되어 있기 때문입니다. 몰몬교나 여호와의 증인, 어떤 이단이든 간에 배타성은 그들에게 선택이 아닌 운명이며 필연적으로 가질 수밖에 없는 것입니다. 그래야 정통교회의 성도들을 미혹할 수 있고, 그들의 존재 이유를 말할 수 있기 때문입니다.

## 성공하는 이단들의 필요조건들

미국 캘리포니아는 우리나라 부산처럼 많은 신흥종교운동이 생겨난 지역입니다. 캘리포니아 산타바바라 대학에 있는 종교연구소는 캘리포니아의 이런 신흥종교운동을 연구하면서 그들의 특징을 다섯 가지로 분류했

습니다. 다섯 가지를 나타내는 단어가 모두 알파벳 P로
시작합니다. 그래서 이것을 '5P'라고 합니다. 이 다섯
가지 특징, 5P를 갖출 때 이단 종교들이 성공할 수 있고
존재할 수 있다고 합니다.

첫 번째 P는 Prophet입니다. 모든 이단 종교들은 신격
화된 교주가 있습니다. 그래야 사람들이 그 교주를 보고
이단 종교를 선택할 수 있으니까요.

두 번째로 이런 신격화된 교주는 성경의 이야기만 말
하지 않습니다. 그렇다면 정통교회와 다를 것이 없겠지
요. 이단 교주는 성경과는 차별화된 새로운 교리적인 주
장을 합니다. 그것을 Promise라고 합니다. 그 주장을 가
지고 접근하기 때문에 사람들이 호기심을 갖고 오는 것
이죠.

세 번째는 Plan입니다. 로드맵이죠. 어떤 신격화된 교
주가 성경과는 차별화된 교리를 가지고 등장합니다. 그
런데 사람들이 단순히 그 교주와 교리만 믿고 가정과 교
회를 포기하는 것은 쉽지 않습니다. 어떤 특별한 것이
필요합니다. 그래서 교주는 "특정한 때 시한부 종말이
온다. 특정한 숫자가 차면 우리 세상이 되며 이제 곧 종

말이 올 거다" 등의 구체적인 로드맵을 제시합니다. 이에 대한 신뢰가 생길 때 가정과 교회를 떠나 이단으로 가게 되는 것입니다.

네 번째는 Possibility입니다. 가능성이라는 뜻을 갖고 있습니다. 이단 단체들은 정통적인 종교들과 비교할 때 대부분 후발 주자들이기 때문에 경쟁력이 약합니다. 이들은 경쟁력을 강화하기 위해서 문화적, 경제적 단체인 것처럼 포장합니다. 또 최태민 사건에서 보았던 것처럼 국가 정권에 다가가서 그들의 우산을 쓰려고 노력하기도 합니다. 많은 이단 종교가 이렇게 정권의 힘을 입고 그들의 생명력을 유지하려고 했던 것을 볼 수 있습니다.

마지막 다섯 번째로 이단들의 가장 중요한 필요조건은 Place, 거점입니다. 이 거점을 확보하는 이단들만이 성공합니다. 돈이 있고 거점이 있어야만 분파를 막을 수 있고, 후계 구도를 안정적으로 정착시킬 수 있으며, 신도들의 동요를 막을 수 있습니다. 교주의 나이가 많아지고 사회적 문제를 일으켜도 신도들을 통제할 수 있는 것은, 신도들은 이미 많은 것을 바치고 들어왔기 때문에 나갈 수가 없는 것입니다. 교주들 밑에 있는 이인자들도 나가는 순간 돈과 재산을 잃기 때문에 교주 밑에 붙어 있으면서 미래를 기약하죠. 그렇기 때문에 거점은 매우 중요합니다. 이번 주제인 그들만의 왕국, 종교적 배타성과도 밀접하게 연관되어 있습니다. 이 거점에서 신도들을 모아 통제하고, 그들에게만 구원이 있다며 또 다른 사람들을 미혹합니다. 동서양을 막론하고 이런 이단 단체들이 성공합니다. 한국의 많은 이단 단체가 이 다섯 번째 지점에 있습니다. 그래서 하나님의교회, 신천지, 구원파 등이 부동산 투자에 집착하는 것입니다.

## 중국에서 온 전능신교

최근에 중국의 유사 종교 단체에 대한 제보를 받았습니다. 조사해 보니, 평범한 기독교 단체가 아니었습니다. 중국에서 온 이단 단체였습니다. 한 남자 때문에 이 단체가 세상에 알려지게 되었습니다. 이 남자는 중국의 한 패스트푸드 매장에서 어떤 여성에게 포교를 했습니다. 그 여성이 포교를 거절하자 CCTV가 설치된 공공장소에서 이 여성을 살해했습니다. 그 남자뿐만 아니라 그의 가족들이 함께 가담한 혐의로 감옥에 갇혔습니다. 기자가 왜 그런 일을 했냐고 물어보니, 그 여성이 악마였기 때문에 죽여야 했다는 이해하기 힘든 대답을 했습니다. 이후 이 가족들에 대한 재판이 열렸고 폭행을 주도했던 남자와 그의 큰딸에게 사형이 집행됩니다. 그리고 부인과 두 딸은 징역 10년과 20년의 중형을 받게 됩니다. 이 단체가 바로 전능신교라는 단체입니다.

한국 이단들이 그들의 배타적 구원관을 실천할 수 있는 거점을 만들고 있습니다. 그리고 중국 이단들마저도 한국을 거점으로 삼기 위해 들어오고 있습니다. 전능신교는 처음에는 동방번개라는 이름으로 활동했는데요. 재림주의 임함이 동편에서 서편까지 번개같이 임할 것이라는 마태복음의 내용을 가져와 동방번개라고 이름했습니다. 한국 이단들에게 동방이 한국인 것처럼 중국 이단들에겐 동방이 중국입니다. 이들이 말하는 전능신은 양상빈이라는 여성입니다. 이들은 양상빈을 중국에 재림한 그리스도로 믿고 있습니다. 초림주는 이스라엘에 남자로 왔고 재림주는 중국에 여성으로 왔다는 것입니다.

전능신교는 중국 헤이룽장성(黑龍江省)에서 생겼습니다. 이단은 중심에서 가장 먼 곳에서, 통제가 가장 어려운 지역에서, 기독교가 성장했던 지역에 생겨납니다. 전능신교도 기독교 종파에 영향을 받아 시작됩니다. 이단 단체의 기원에는 변하지 않는 특징이 있습니다. 한국에서 부산도 그랬죠. 기독교의 중심지였던 평양과 서울에서 가장 멀리 떨어진 부산이 한국전쟁의 피난지가 됐을 때 전도관, 통일교 등의 이단이 그곳에서 뿌리를 내렸습니다. 부산 경남 지역에서 기독교가 성장하던 시점이기 때문입니다. 전통적인 질서나 기독교의 통제가 어려운 지역에서 신흥종교가 발흥합니다. 또 기독교 신앙이 부흥하는 때가 바로 이단 발흥의 때와 일치하는 유사한 패턴을 보입니다.

중국 동북 3성 지역은 대부분의 한국 이단들이 들어가 있을 정도로 혼란스러운 지역이 되었습니다. 전능신교 신도들은 수백 명씩 떼를 지어서 한국으로 옵니다. 무비자 환승 제도가 있는 제주도를 거쳐서 국내로 들어오는 것이죠. 어떤 이들은 미국으로 망명한 두 교주가 한국에 와 있는 것은 아닌가 하는 추측도 합니다. 왜냐면 그 교주들이 중국에 있는 신도들에게 한국으로 가라는 지령을 내리고 있다고 합니다. 중국 정부의 통제가 심해지고 활동이 어려운 까닭입니다. 미국은 너무 멀지 않습니까. 그래서 신도들을 한국으로 가게 하고 교주들도 한국에 와서, 한국을 단순한 포교 지역을 넘어 그들의 거점으로 삼으려는 것은 아닌가 하는 짐작도 듭니다. 한 해 동안 700여 명의 신도가 한국에 오기도 합니다. 이들이 난민 신청을 하고 있지만, 받아들여지지는 않고 있습니다. 하지만 그들이 재판을 시작하면서 한국 내에 합법적으로 거주할 수 있게 되었습니다.

서울 구로동에 '전능하신 하나님의 교회'라는 이들의 건물이 있습니다. 이들은 강원도 횡성의 한 유스호스텔을 매입해서 수백 명의 신도가 함께 거주하기도 했고, 최근에는 충청도 보은에 숙박 시설을 매입해 지내고 있습니다. 한국 이단이나 미국계 이단뿐만 아니라 이제는 중국의 이단들마저도 활동하는 현실이 되어 버린 것입니다.

눈에 띄는 것은 이들이 포교 활동보다는 봉사 활동을 한다는 것입니다. 앞에서 언급했던 것처럼 이단들은 봉사 활동 같은 사회적 순기능을 통해 우리 사회에 정착하려는 의도가 있겠죠. 그리고 이들의 목적이 포교였다면 포교에 주력하겠지만, 만약 그 목적이 교주와 신도들이 한국에 정착하여 거점을 만드는 것이라면 이들의 사회적 활동이 낯설어 보이지는 않습니다. 이런 활동을 통해서 그들의 거점을 확보하려는 것이죠.

## 하나님의교회와 신천지

하나님의교회도 수많은 곳에 그들의 건물을 세웁니다. 여러 가지 형편과 어려움이 있는 기성 교회를 매입하기도 합니다. 놀라운 사실은 그들이 교회를 매입해서 하는 일이 십자가를 훼손하는 것입니다. 그들은 십자가를 우상으로 봅니다. 우리 한국교회가 이 문제를 심각하게 볼 필요가 있습니다. 도덕적인 해이와 신앙적인 해이가 우리 안에도 있는 것은 아닌지 되돌아보아야 합니다. 하나님의교회는 충북 옥천에 있는 예전의 조폐장을 매입해서 수련장을 만들고, 신학원도 운영하고 있습니다.

신천지도 마찬가지입니다. 그들의 14만 4천 신도 수는 이미 찼지만, 여전히 신도들을 미혹하고 있습니다.

교리도 변개했습니다. 처음에 14만 4천 명이면 된다더니 요즘에는 그냥 14만 4천 명이 아니라 하나님 마음에 합한 자들이 14만 4천 명이 되어야 한다고 주장합니다. 신격화된 교주가 있기 때문에 성경도 교리도 마음대로 바꿀 수 있는 것입니다. 그들의 구원의 조건은 만들어졌는데, 신천지는 요즘 부동산 매입에 집착하고 있습니다. 경기도 가평과 청평에 이만희가 거주했던 별장을 매입하기도 했고, 2018년 6월에는 경기도 청평 땅 3천여 평을 사서 신천지 박물관을 짓는다고 하여 지역 주민과 갈등이 있었습니다.

하나님의교회는 그들이 말했던 2012년 종말의 때가 지났는데 왜 건물 매입에 집착할까요? 신천지는 14만 4천이 찼는데도 왜 이렇게 매입에 집착할까요? 구원파도, 또 미국계 이단뿐만 아니라 중국의 이단도 왜 그렇게 거점 마련에 집착하는 것일까요?

그 안에서 그들의 배타적인 교리를 실천할 수 있고, 신도들을 통제할 수 있기 때문입니다. 이단 교주 밑에 있는 간부들은 신도들을 직접 통제하고 교육합니다. 그런데 언젠가는 이 간부들이 교주에게는 위험 세력이 될 수도 있겠죠. 그래서 교주는 그의 죽음이 가까이 다가올수록 조심합니다. 조직의 간부들을 조심하며 경계하고, 이들을 통제하기 위해 재정 확보와 거점 마련에 집착하게 되는 것이죠. 그래야 안정적인 후계 구도도 정착시킬 수 있고, 신도들도 효과적으로 통제해서 더 나은 거점들을 만들어 나갈 수 있기 때문입니다. 그래서 이단들은 이율배반적이고 사리사욕이 담긴 부동산 매입을 교리적으로 미화하면서, 그들만의 왕국을 만들어 가고 있는 것입니다.

질
문

**Q** 이단들의 배타성을 잘 알 수 있었습니다. 그들에게만 복음이 있고, 구원이 있다는 주장이 정말 심각한 문제인데요. 실질적인 문제를 질문드리겠습니다. 가족 중 누군가가 이단에 빠진 것 같다면, 가족으로서 어떻게 해야 할까요?

**A** 사실 가장 어려운 질문인 것 같습니다. 저도 이단 연구를 하고 상담을 하면서도, 모든 가정의 형편과 이단 단체가 다 다르기 때문에 쉽지가 않습니다. 그리고 요즘은 사각지대에 속한 이단들도 많기 때문에 이단 단체의 정체를 아는 것조차 어렵습니다.

저는 두 가지를 말씀드리고 싶은데요. 첫 번째는 건강한 정보입니다. 왜 '건강한'이라는 표현을 붙였냐면 정보도 건강하지 않은 것들이 있거든요. 이단 문제가 발생했을 때는 〈현대종교〉나 CBS 등 공신력 있는 단체를 통해 믿을 수 있는 정보를 신속하게 얻는 것이 가장 중요합니다.

두 번째로는 건강한 노출입니다. 1강에서 보았던 것처럼, 이단 문제가 여러분이나 가정에 생기면 '왜 이런 일이 나에게, 우리 가정에 생기지?'라면서 부끄러워하거나 감추지 마십시오. '왜'보다는 '어떻게'라는 질문을 해야 합니다. '아, 생길 수 있는 문제가 생겼구나. 내가 이걸 어떻게 이겨 나갈까'라고 생각하십시오. 우리에게 위급한 일이 생기면 112나 119를 누르고 도움을 요청하지 않습니까. 마찬가지입니다. 목회자에게 먼저 건강하게 노출하십시오. 그러면 목사님들이 어디가 영적 119인지 여러분에게 소개할 수 있습니다. 이런 건강한 노출이 이단 피해가 생겼을 때 대처해 나가는 첫걸음이 될 수 있습니다.

**Q 만약 가족 중 한 사람이 이단에 빠진 것을 알았어요. 이런 경우 이단에 빠진 가족에게 비밀로 하고 전문 기관과 먼저 상의를 하는 것이 좋을지, 아니면 이단에 빠진 가족에게도 모두 공개하는 것이 좋을지 궁금합니다.**

**A** 가족의 역할은 중요합니다. 하지만 가족들이 모여 교리적인 논쟁을 통해서 이단 문제를 풀 수는 없습니다. 같은 한국말을 쓰는 같은 한국 사람이지만, 이단 문제를 두고서는 소통이 안 될 수 있기 때문입니다. 주변에 있는 전문가 혹은 피해자들의 이야기들을 통해서 나의 처지에서는 어떻게 접근하는 것이 가장 지혜로울지 먼저 정해야 합니다.

반드시 기억해야 할 것은 이단보다는 가정이 중요하다는 사실입니다. 이단에 대처한다고 가정의 사랑을 잃을 수는 없습니다. 우리 가정을 우리가 소중히 지키기 위해서 아픔과 상처를 감내할 수 있어야 합니다. 가정이라는 소중함을 잃어서는 결코 안 됩니다. 누군가는 지쳐 쓰러져도 가족만큼은 이단에 빠진 피해자의 손을 놓지 않아야 합니다.

**Q** 정말 지혜가 필요한 것 같습니다. 가족이 이단에 빠진 것을 인지하더라도 먼저 전문 기관과 상담한 후에 대책을 세워 나가는 게 지혜로운 방법이 아닐까 생각해 봅니다. 이번 주제 "그들만의 왕국"을 한마디 키워드로 정리해 주세요.

**A** "건강한 교회와 가정이 이단을 막을 수 있다"라고 정리하겠습니다.

# 다음세대와
# 이단

다음세대가 교회를 떠나 이단에 빠지는 안타까운 일들이 일어나고 있습니다. 다음세대가 이단들에게 미혹되는 사례가 점점 늘고 있는 것입니다. 다음세대에 대한 정통교회의 지원도 약해지고 있다는 이야기도 들립니다. 요즘은 요람부터 무덤까지 인생의 모든 주기에 거쳐서 이단들의 미혹이 있는 것 같습니다. 이단들이 청소년, 청년 대학생들에게 집중하는 이유가 무엇일까요? 다음세대들이 우리 교회의 미래이자 소망이기 때문입니다. 이단들이 우리의 다음세대들을 빼앗아 간다면 교회의 미래와 소망도 없는 것입니다. 다음세대들을 지키고 그들을 세우는 길이 가장 효과적인 이단 대처 중 하나라고 생각합니다.

## 어린이를 미혹하는 이단들

최근 한 통의 전화를 받았습니다. 은퇴 후 초등학교 앞에서 어린이 전도를 하는 권사님이었습니다. 당황한 목소리로 정통교회가 아닌 것 같은 단체에서 하교하는 초등학생들 특히 여학생들에게 선물 공세를 하며 어디론가 데리고 간다고 말했습니다. 어떤 단체인지 알아보니 '천부교'라는 단체였는데 '우정 축제, 천부교에 초대합니다'라는, 어린이들이 흥미를 가질 만한 내용으로 접근하더랍니다. 권사님이 그렇게 하지 않기를 천부교 측에 이야기하니, 이 권사님에게 다소 위협적인 언사를 했던 모양입니다. 그래서 권사님이 염려돼서 제게 전화를 한 것이지요.

천부교는 예전에는 '전도관'이라고 불렸습니다. 박태선이 전도관을 만들어, 정통교회에서 완전히 떨어져 나갔죠. 여기에 나오는 천부, 하늘 아버지는 곧 박태선입니다. 최근 천부교는 완성도 높은 홈페이지를 운영하고 있습니다. 특히 어린이들에게 초점을 맞춘 '주니어를 위한 천부교 소개'라는 코너를 만들어 포교 활동을 합니다. 한국전쟁 이후에 특별한 활동 없이 간혹 몇몇 사회적 이슈로만 등장했던 이 단체가, 갑자기 무엇 때문에 어린이들에게 초점을 맞추는 것일까요? 다음세대에게 장기적인 투자를 하며 전략을 세우는 것이죠. 이단들이 점점 더 똑똑해지고 있습니다.

얼마 전 〈현대종교〉에서 '이단들의 2세'에 관한 기사를 작성했습니다. 한국전쟁 때 시작되어 1980년대 이후에 본격적으로 발현된 이단 단체에서 나고 자란 2세들의 문제를 조명한 기사였습니다. 이제는 우리 아이들에게 이단 예방 대처 교육을 하는 것과 함께, 이단 단체에서 자라난 아이들이 본인의 판단으로 올바른 종교와 신앙을 가질 수 있도록 사회적 차원에서의 관심이 필요한 시점이 된 것이죠.

하나님의교회도 어린이 포교에 많은 힘을 기울이고 있습니다. 이들은 '샛별선교원'이라는 곳을 운영합니다. 겉에서 보면 일반 교회나 기독교 기관에서 운영하는 곳 같습니다. 그런데 이 선교원에서 불렀던 노래 '하나님의 은혜'의 가사를 보면, 매우 낯섭니다. "십자가를 세우지 마세요. 일요일도 거짓말이에요. 우리는 이 세상 교회

없는 어머니도 있죠. 우리의 구원자 안상홍님도 계신답니다. 안상홍님 믿어야 하늘나라에 가죠." 주변에 시설이 잘 되어 있고 교육을 잘 한다고 소문이 난 기관이 있다면, 부모들은 아이들을 보낼 수 있습니다. 하지만 혹여나 이렇게 사회적으로 선뜻 공감하기 힘든 내용을 가르치고 있다면 어떨까요. 특별히 아이들은 가치 판단이 약합니다. 백지장 같은 마음에 이러한 교리들이 새겨진다면, 아이들이 자라면서 그 흔적이 어떻게 남을지 염려됩니다.

몰몬교의 경우를 보겠습니다. LDS(Latter Day Saint movement)는 몰몬교를 의미하는 약자입니다. 'LDS English class' 이곳은 몰몬교에서 영어 교육을 하는 곳입니다. 게다가 교육비가 무료입니다. 젊은 엄마들의 사교육 비용은 빠듯한데, 외국인들이 한국어를 하며 친절하게 다가와 무료로 영어를 가르쳐 주겠다고 하면서 포교를 합니다.

예전에 이와 관련하여 30-40대 집사님에게 전화를 받은 적이 있습니다. 경제적 형편상 아이들에게 사교육을 하기에는 어려운 상황에서 몰몬교 선교사들과 만남이 있었던 모양입니다. "그저 영어만 배우고 오면 안 될까요?" 집사님의 질문에 저는 '가도 괜찮다'라는 말이 도무지 나오지 않았습니다. 참 마음이 아프고 우리 한국교회에 그런 대안적인 프로그램이 없다는 안타까움도 있지만, 일단 그곳에 가면 그들의 교리적인 것을 접할 수도 있다는 염려 때문이었습니다.

이단 단체들은 머리에 뿔이 난 악마의 모습으로 다가오는 게 아닙니다. 오히려 평범한 모습으로 우리에게 필요한 것을, 먹음직하고 보암직한 것을 가지고 다가옵니다. 어린아이들과 부모들의 눈높이에 맞춰서 다가오는 것이죠.

## 청소년을 미혹하는 이단들

아이들이 중학교에 올라가면 부모들의 관심은 더 깊어집니다. 사춘기 아이들과 충돌이 있기도 하지만, 부모이기 때문에 뭐든 더 해 주고 싶어 합니다. 박옥수 구원파의 단체 IYF는 영어 말하기 대회 등으로 접근합니다. 'IYF 영어 말하기 대회' 포스터가 대학가나 초중고 인근에 자주 붙는데요. IYF는 영어를 잘하고 싶은 욕구, 남에게 보이고 싶은 욕구, 대가를 받고 싶은 욕구를 종합적으로 이용합니다. 이 대회에 신청하거나 참여하면 자연스럽게 IYF와 친밀한 관계 형성이 이루어지고, 후에는 이 단체로 갈 수도 있는 위험성에 노출됩니다. 대학가에서는 이러한 영어 배우는 모임들이 봉사 활동이나 언어 연수로 이어집니다. 대학 캠퍼스 곳곳에서 홍보되는 해외 봉사 활동은 프로그램 내용뿐만 아니라 참가 비용도 좋다고 합니다.

여러 모양으로 좋아 보이는 해외 봉사 단체를 선택해서 참가했는데, 이 봉사 단체가 종교적인 성격을 갖는 단체라는 것을 그 나라에 도착한 후 알게 될 수도 있습니다. 충분한 정보가 없었기 때문입니다. 여름, 겨울이 되면 이렇게 좋은 가격과 프로그램으로 학생들에게 다가와 외국 문화 체험이나 언어 연수를 진행합니다. 제가 호주를 방문했을 때, 여름 성수기가 되면 시드니 인근에서 IYF에서 천 수백 명의 학생을 데려와 저렴한 비용으로 교육했다는 이야기를 들었습니다.

괜찮아 보이더라도, 우리 아이들을 보내기 전에 주관 단체가 건전한 단체인지 부모님들이 꼭 확인하셨으면 좋겠습니다. 세상에 공짜는 없습니다. 참 좋은 프로그램인데 지나치게 저렴하다면, 우리 손에 들려 있는 스마트폰으로 한 번 검색해 보십시오. 그래서 종교적인, 특별히 교회와 사회에서 염려하는 이단 단체에서 운영하는 프로그램으로 보인다면 조심해야 합니다. 이렇게 위장 포교로 접근하기 때문입니다.

JMS로 알려진 기독교복음선교회는 걸그룹까지 만들어서 청소년들에게 다가갑니다. 아이들은 좋아하는 아이돌이나 연예인을 보고 찾아가게 되죠. 그 주변에 있는 이단적 교리 같은 위험성은 보지 않습니다. 마치 앞만 보고 달릴 수 있도록 옆이 가려진 경주마같이 앞을 향해 뛰어가는 우리 아이들의 눈높이에 맞춰 이단들은 다가오는 것입니다. 대학가에서는 스피치 특강, 대학 생활에 도움이 되는 강좌 등으로 접근합니다. 이런 강좌에 참석해 강연을 듣게 되면 참석한 대가로 연락처를 남겨야 하고, 연락처를 남기는 순간 관계성이 이어지게 됩니다. 이단 단체들에게는 이런 목적이 있는 것이죠.

때로는 우리 청소년들이나 청년 대학생들이 호감을 보이는 모델, 의전단, 안내 등의 모집 광고로 청년들을 모으기도 하죠. 학교뿐만 아니라 학교 바깥에 있는 포스터들도 주의해야 합니다. 학교 안에는 학교에서 공연하는 포스터들만 붙일 수가 있습니다. 그런데 학교의 허가가 없는 포스터들도 학교 안에 붙어 있을 수도 있기 때문에, 우리 자녀들에게 이런 것은 조심해야 한다고 교육해야 합니다. 교육에는 반복이 필요합니다. 반복의 효과는 큽니다. 한번 말하고 그치는 것이 아니라 아이들에게 지속해서 말해야 합니다. 팔순을 훌쩍 넘긴 저희 어머니도 제가 멀리 떠날 때면 아직도 차 조심하고 이성 조심하라고 반복적으로 교육하십니다.

## 청년 대학생들을 미혹하는 이단들

수능을 끝낸 학생들에겐 시간적 자유가 있습니다. 이때 이단 단체들을 '대학 투어, 학교 미리 다녀오겠습니다'라는 프로그램으로 학생들과 부모를 모집해서 대학 탐방을 합니다. 하루 동안 함께 다니면서 대학을 탐방하다 보면 관계성이 형성될 것입니다. 그러고 나서 참석한 학생들에게 집요하게 접촉해 올 수 있습니다. 이단에 미혹될 위험도 있는 것이죠. 또 길거리에서 무슨 서명을 해달라며 부탁해 오는 것도 주의해야 합니다. 서명을 부탁하는 그 단체 이름은 찾아보기가 어렵습니다. 만약 서명하면 그 이후로 이단 단체에서 연락이 올 수 있습니다.

설문조사도 주의해야 합니다. 요즘 건널목에 서 있으면 낯선 사람이 다가와서 설문조사에 응해 달라고 합니다. 설문조사 내용도 그렇게 특별한 건 없습니다. 그런데 설문조사를 하고 나서 가려고 하면 붙잡으면서 당첨되면 경품이 있으니 이름과 연락처를 알려 달라고 합니다. 경품이라는 말에 혹해서 돌아서게 됩니다. 이 경품 잔치는 놀라운 경품 잔치입니다. 왜냐면 100% 다 당첨되기 때문이죠. 반드시 연락이 옵니다. 그렇게 이단과의 접촉점이 만들어지는 겁니다. 길에서든 어디서든 개인 정보는 절대로 쉽게 줘서는 안 된다고 아이들에게 교육해야 합니다. 우리도 이를 명심해야 합니다.

주변에 있는 쇼핑센터 같은 곳에 상담 프로그램을 한다는 내용의 전단지가 붙어 있기도 합니다. 여러 가지 고민이 있는 청소년, 청년이나 성인들이 상담 프로그램에 관심을 갖고 연락했는데, 이것이 실제로는 그들의 종교를 포교하기 위한 매개였다면 어떨까요. 상담 프로그램을 믿고 내 속마음을 이야기했는데, 이것이 나에 관한 '정보'가 됩니다. 얼마 후 그 정보를 습득한 제삼자가 나를 너무 잘 파악하고 내 고민에 공감해 주며 접근해 온다면 나는 무장 해제가 되는 것이죠. 만약 신천지에 언니가 빠지면, 그 언니는 자기 동생을 직접 포교하지 않습니다. 동생에 관한 모든 정보를 신천지에 가져다줍니다. 그럼 신천지는 동생의 습관, 좋아하는 것, 동선 등을 다 파악해서 맞춤형으로 접근합니다. 그 주변에 신천지에서 '잎사귀'라고 부르는 많은 바람잡이가 있을 수 있죠. 그렇게 설계된 미혹의 덫이 우리 주변에 있습니다.

어느 대학교에 고3을 대상으로 진로, 취업, 연애, 대학 생활 등에 관한 이야기를 해 준다는 포스터가 붙었습니다. 장소는 그 대학 실내 체육관이었습니다. 캠퍼스 안에서 행사가 있다고 해도 안심할 수 없습니다. 우리 자녀들이 건전한 선교 단체보다 이단 단체들을 먼저 만날 수 있는 것이 요즘 캠퍼스 상황입니다. 캠퍼스 사역을 하는 선교 단체 간사님들은 '캠퍼스는 이단들과의 전쟁 중'이라고 말합니다. 여자 대학생들에게는 '남친 만들어

보자 연애 특강, 연애를 위한 모든 것'이라는 특강을 열었습니다. 학생들이 특강을 들으러 갔을 때 연애 전문가가 아니라 포교 전문가가 기다리고 있는 것이죠. 우리 주변에 이렇듯 많은 미혹의 덫이 놓여 있습니다. 그 덫은 어린이, 청소년, 청년 대학생, 나아가 기성세대들까지 노리고 있습니다.

기억에 남는 제보 사진이 있습니다. 한 남자 청년이 보내 준 사진입니다. 이 청년은 큐티 책을 사기 위해 서점에 갔던 모양입니다. 이 책 저 책 찾아보던 중에 마음에 드는 책 한 권을 선택했습니다. 그 책을 넘기는데 안에 하트 모양의 핑크 색깔 포스트잇이 붙어 있었습니다. 여성이 붙였으리라는 짐작을 충분히 할 수 있죠. 포스트잇에는 이렇게 쓰여 있습니다. "간절한 마음으로 하나님을 찾는 큐티하기를 원합니다. 010-0000-0000" 핸드폰 번호까지 쓰여 있었습니다. 이 청년이 '큐티를 하려고 하니까 하나님께서 두 마리 토끼를 다 잡게 해 주셨구나'라고 생각했을까요? 다행히 이 청년은 내용을 보고 이상하다고 생각해서 사진을 찍어 제보해 주었습니다. 이렇게 책 속까지 미혹의 덫이 놓여 있으니 그야말로 우리가 무방비로 노출된 것은 아닌가 하는 생각을 하게 됩니다.

신천지의 '이성 교제 보고서'를 보니까 대학생들은 이성 교제를 하면 안 된다고 합니다. 이 보고서에 따르면, 결혼 나이는 여자는 27세, 남자는 30세 이상이어야 합니다. 이성 교제를 할 때, 특별히 신천지 외부 사람과 교제할 때는 '다짐서'라는 걸 써야 합니다. 그리고 사귀든 헤어지든 반드시 보고해야 한다는 내용이 쓰여 있습니다. 도대체 이걸 어떻게 받아들여야 할까요? 오늘날의 청년 세대들을 두 번 죽이는 일이 아닌가 싶은 생각이 듭니다.

2019년 초에 나온 신천지의 문건에 따르면, 신천지의 재정은 5천여억 원이 넘는 것으로 보입니다. 이런 재산들이 어떻게 형성되었을까요. 그 형성 과정은 둘째 치고 이런 재산을 갖고 있는 이들이, 청년 세대들을 하루 종일, 한 달 내내 포교 활동을 시키고 얼마를 줬는지 아십니까? 신천지에서 한 3년 반 동안 중간 간부까지 올라갔던 한 대학생의 이야기에 따르면, 학교 떠나고 집 떠나고 포교 활동을 하면서 한 달에 30여만 원을 받았다고 합니다. 어떤 학생의 수기에는 돈을 절약하기 위해서 편의점에서 샌드위치 두 개 든 것을 사서 아침과 점심에 먹었다는 내용도 있었습니다. 이들은 헌신이라는 미명하에 청년들에게 합법적인 착취를 하는 건 아닐까요? 오늘 청년 세대들은 여러 가지 이유로 참 많은 고민을 하는데, 그들의 고민과 열정적인 헌신을 왜곡해서 착취하는 것은 아닌가 싶습니다. 이런 일들이 우리 자녀들에게, 우리 주변에서 벌어지고 있습니다.

저녁 늦은 시간에, 멀쩡하게 차려입은 두 사람이 태블릿 PC를 보여 주면서 열심히 포교하는 모습을 본 적이 있습니다. 이젠 거리도 안전한 곳이 아닙니다. 우리 자녀들에게 이런 사람을 만났을 때는 단호하게 거절하라고 하십시오. "나중에 할게요", "제가 돌아오면서 한번 들어 볼게요" 같은 말은 거절이 아닙니다. 상대방에게 여지를 주는 말입니다. 아이들에게 아니면 아니라고 말할 수 있도록 교육해야 합니다. 그런데 거절해도 상대방이 자꾸 잡을 수도 있겠지요. 그럴 때 가장 빠른 것은 핸드폰을 꺼내서 위기 상황에 대처하는 전화번호를 누르도록 해야 합니다. 그래야 생각하기도 싫은 불편한 일을 우리 자녀들이 겪지 않을 수 있습니다. 이런 일들이 길거리에서 일어나고 있습니다. 초중고생에게, 청년 대학생들에게 이런 식으로 접근하고 있는 것이죠.

〈현대종교〉에서 중고등학생들을 대상으로 설문조사를 했습니다. 629명의 응답자가 중복 체크를 했는데, 가장 많은 수가 '길거리에서 전도지나 설문지를 나눠 주는 사람들을 만났거나 그를 통해 이단들의 접촉을 받았다'는 응답을 했습니다. 가정이나 학교가 아니라 거리에서 이단들과의 접촉이 가장 활발하다고 볼 수 있는 것이죠. 그다음이 집마다 돌아다니면서 전도하는 사람을 만난 적도 있었다고 응답했습니다. 또 본인을 선교사나 목사, 전도사라고 하며 신분을 속이면서 접근한 사람을 만났다는 것에도 많은 수가 응답했습니다. 이런 경우는 아마도 신천지가 아닐까 싶습니다. 그 외에도 아르바이트 공고를 통해 성경 공부하자고 접근한다, 대학교에서 동아리를 통해 접근한다, 거리에서 태블릿 PC를 보여 주면서 접근한다 등의 내용이 있었습니다. 우리의 다음세대들이 어떻게 이단들을 접하고 있는지, 그리고 접촉하는 공간적 제한이 없다는 것을 설문조사 결과는 보여 주고 있습니다.

## 군부대에서 활동하는 이단들

요즘 문제가 되는 곳은 군입니다. 군부대에도 이단들이
침투합니다. 예전에는 누군가 이단에 빠졌을 때, 눈에
서 멀어지면 마음도 멀어진다고 군대에 보내면 좀 괜찮
지 않을까 하는 생각을 하기도 했었습니다. 그런데 군
부대 강의를 가 보니, 주일날인데도, 장병들이 축구도
안 하고 아침부터 스마트폰을 보고 있더군요. 스마트폰
사용도 자유로워지고 외출, 외박도 예전보다 자유로워
졌습니다. 우리 장병들도 이단들에게 쉽게 노출되고 있
는 이유입니다. 완성도가 높은 스마트폰 앱이나 팟캐스
트로 이단들이 부대 안에 있는 장병들에게 접촉하고 있
는 것이죠.

　그런가 하면 '국제마인드 교육원'은 군부대에 들어가
서 마인드 교육을 하기도 합니다. 하나님의교회는 토요
일에 모이기 때문에 장병들이 토요일에 외출해서 인근
에 있는 하나님의교회에 참석하기도 합니다. 신천지 집
회가 있을 때는 장병들이 외출, 외박을 나와서 참여하기
도 합니다. 이제는 군부대가 또 다른 사각지대가 되었습

니다. 최근 인구 절벽 문제로 우리 군이 징병제에서 모병제로 바뀌어야 하지 않느냐는 논의가 나오면서 사회적인 이슈가 되고 있습니다. 국가와 국민이 부여한 공권력을 가지고 있는 우리 장병들이 잘못된 이단 종교로 인해 잘못된 선택을 한다면 사회적인 큰 혼란이 올 수 있습니다.

요람부터 무덤까지 공간의 제한 없이 이단들의 미혹이 이뤄지고 있습니다. 우리 교회의 미래이고 소망인 다음세대를 우리가 지키지 않는다면 한국교회의 이단 대처 역시 어려울 수 있습니다.

질문

**Q 다음 세대를 공격하는 이단의 실체가 긴장감으로 다가옵니다. 이단에 빠진 주변의 자녀들을 어떻게 도우면 좋을까요.**

**A** 누군가에게 이단 문제가 일어났을 때 어떻게 하면 좋겠냐고 질문한다면, 저는 이렇게 이야기하고 싶습니다. "당신의 아이, 당신의 아내, 남편이라고 생각하십시오." 그러면 그 문제를 보는 시각이 완전히 바뀌게 됩니다. 강 건너 불구경이 아니라 나의 문제가 된다면 또 다른 관점으로 접하게 되죠.

**Q 우리가 알아야 이단을 대처할 수 있습니다. 이를 위해 교회의 역할이 필요한 것 같아요. 교회는 지금 무엇을 해야 할까요?**

**A** 이단들이 미혹하는 내용에 맞서는 교회의 대안 프로그램을 마련하는 것이 필요합니다. 하지만 절대다수가 미자립 교회인 점을 고려한다면 사실 대안 프로그램 마련은 쉽지만은 않죠. 교회가 이단의 프로그램에 무작정 가지 말라고 하기 전에 작은 대안이라도 보여 줄 수 있는, 그런 경쟁력을 갖추어야 합니다.

**Q** 다음세대와 이단에 대한 정보를 많이 알아야 할 것 같아요. 특히 수능을 마친 학생들과 부모님들에게 알려 주어야겠어요. 그들을 위한 교육과 강의가 필요할 것 같습니다.

**A** 수능 끝난 날부터 대학의 오리엔테이션이 있는 3월까지 가장 많은 미혹이 이뤄집니다. 그 시기에 우리가 교회와 가정의 자녀들을 지켜 낸다면, 이단들의 미혹을 많이 줄일 수 있습니다. 그래서 수능이 끝난 날부터 대학의 오리엔테이션이 있는 3월까지가 굉장히 중요한 기간입니다.

**Q** "다음세대와 이단"을 한마디 키워드로 정리해 주세요.

**A** 초대교회의 교부 중에 터툴리안이라는 교부가 있습니다. 그는 이단과 교회의 차이를 이렇게 말합니다. "교회는 세우려고 노력하고 이단은 무너뜨리려고 노력한다." 우리 교회의 소망이고 미래인 다음세대를 지켜야 합니다.

# 이단 피해와
# 가정의 회복

우리가 이단 문제에 왜 이렇게 관심을 가질까 생각해 보면, 나에게, 우리 가족에게, 또 나의 지인들에게 이런 피해가 없기를 바라는 마음 혹은 이미 피해가 일어났기 때문인 것 같습니다. 이단 피해를 겪은 사람들이나 가족들이 전화나 이메일로 상담합니다. 그런데 그럴 때마다 참 쉽지 않은 시간인 것 같습니다. 많은 도움을 드리고 그 문제를 해결하는 역할을 했다고 생각하면 좋을 것 같은데, 때로는 무기력한 제 모습을 보기도 하기 때문에 힘들 때가 있습니다. 이단 문제는 예방이 최선이라고 이야기하면서도 이미 일어난 피해들은 어떻게 도와드릴 수 있을까, 회복까지 오랜 기다림의 과정을 이들이 어떻게 보낼까 하는 마음이 이단 문제에 관한 상담을 할 때마다 늘 마음을 무겁게 하곤 합니다.

## 이단 피해자의 눈으로

우리가 이단 문제에 관심을 갖는 이유는 바로 이단 피해 때문일 것 같습니다. 〈현대종교〉에서 2018년에 한 가정의 아버지를 취재했습니다. 이 아버지는 10년 동안 1인 시위를 해 오고 있었습니다. 그를 처음 취재한 것이 2008년이었습니다. 그리고 10년이 지난 오늘까지도 이단 관련 문제가 해결이 안 된 것 같습니다. 그때 어렸던 자녀가 이미 장성한 청년이 되었다는 이야기를 취재했던 기자로부터 전해 들었습니다. 때로 이단 문제는 쉽게 그 해결을 낳기도 하지만 때로는 오랜 기다림의 시간을 보내게 됩니다. 이단 문제는 단체도 다르고 문제의 내용도 다르고 지역도 다르다 보니까, 정해진 매뉴얼이 없습니다. 그저 피해자나 가족들에게서 연락이 오면 잘 듣고 최선을 다해 제가 알고 있는 바를 말씀드리는 것 외에는 할 수 있는 것이 많지 않은 것 같습니다.

왜 이단 문제에 빠지고 피해가 일어날까요? 미국에 스티븐 핫산이라는 사람이 있습니다. 그는 통일교 신도였습니다. 젊었을 때 문선명을 재림주로 믿고 따랐죠.

열심히 활동하던 중에 사고로 다리를 다쳐, 어쩔 수 없이 집에 두 달 동안 있게 됩니다. 그 기간에 어머니와 아버지의 사랑이 그를 돌이켜 놓았습니다. 세뇌되었다고, 이단에 빠졌다고 하지만 그 사랑이 아들을 회복시킨 거죠. 그래서 이단 때문에 정말 문제를 겪고 있다면, 저는 가족의 사랑과 관심이 정답이라고 생각합니다. 그런 피해를 경험한 뒤에 그는 이단 상담 전문가가 되었습니다. 상담 공부와 잘못된 종교에 대한 공부도 했죠. 지금은 피해자들을 상담하고 회복시키는 일에 열심을 내고 있습니다. 한두 번 그를 만난 적이 있는데, 안타까운 것은 요즘에는 그가 한국의 이단 단체들, 특히 하나님의교회와 신천지의 피해자들을 상담하느라 어려움을 겪고 있다는 것입니다. 그래서인지 그를 만나거나 이메일 교신을 하면 미안한 마음이 느껴지기도 합니다.

스티브 핫산은 이단에 미혹되는 이유를 만들어 냈는데, 그것을 BITE 모델이라고 합니다. 영어 단어들의 첫 글자를 따서 이단에 미혹되는 유형과 특징을 분석한 것입니다. 영어로 바이트, '물다'라는 뜻이죠. 이단에게 물리듯 미혹되고 붙잡히는 것을 네 가지 이유로 분석합니다.

먼저 B는 Behavior Control로, 습관을 통제한다는 것입니다. 이단을 접촉하면 특정한 시기에 만나서 공부를 한다거나 특정한 옷을 입는다거나 특정한 생활을 하게끔하는 등 생활에 변화가 생깁니다. 그러다 보면 친구와 멀어질 수 있고 가족과도 문제가 생길 수 있게 되지요. 그래서 이단 단체들은 먼저 습관을 통제합니다.

두 번째는 Information Control인데요. 이것은 정보를 통제하는 겁니다. 예를 들어서 신천지는 신도들에게 인터넷, 신문 등의 정보를 듣지 않도록 이야기합니다. 왜냐면 그것은 선악과이기 때문에 먹는 날에는 죽는다는 것이지요. 그럼 어떤 정보를 택할까요. 이미 이 단체에서 활동할 때에는 친구 관계나 가족들과의 관계도 소원해졌을 시기일 것입니다. 그런데 언론을 통한 정보마저도 얻지 못한다면 이단 단체로 데려가서 교육시켰던 소위 멘토를 통한 정보가 유일할 것입니다. 신천지는 그 멘토가 주는 지시 사항을 '피드백'이라고 하는데요. 일, 생활에 관련된 하나하나를 그 멘토로부터 지시받는 것이죠. 정보가 통제되는 것입니다. 보편타당한 본인의 결정을 내리기가 어려워지는 것이죠.

세 번째는 Thought Control, 사고를 통제합니다. 교리 교육이죠. 우리는 성경 공부를 통해서 예수님을 만나지만 이단들의 성경 공부 목적지에는 교주가 있거나 비성경적인 교리가 있습니다. 그것이 교리 교육 과정입니다. 성경에 보면 이단에 속한 사람을 한두 번 훈계하고 멀리하라고 했습니다(딛 3:10). 우리는 이단들을 모르지만, 이단들은 우리를 미혹해야만 하기 때문에 우리를 연구합니다. 우리를 미혹하는 기술을 가지고 있죠. 그 기술이 바로 우리의 신앙과 사고를 통제하는 겁니다.

마지막 네 번째는 Emotional Control입니다. 이단 단체를 선택함으로 인해서 가족이나 친구들과의 관계가 점점 끊어집니다. 감정적으로 외로워지죠. 의지하고 싶어집니다. 그리고 내 선택이 틀리지 않았다는 걸 주변에 보여 주고 싶어 합니다. 결국 이단 단체에 집착하게 되는 것이죠. 단지 교리적인 이유가 아니라 감정적으로도 이단에 집착하게 되는 것입니다.

이러한 네 개의 과정을 통해서 이단들에게 온전하게 미혹된다는 것이 BITE 모델의 설명입니다. 이 미혹의 기술이 어떤 이단이든 간에 이루어지고 있다는 것입니다.

## 정죄와 분리를 넘어 치유와 회복으로

지금까지는 이단 문제로 인한 피해가 크기 때문에 한국 교회는 이단 문제에 대해서 정죄했습니다. 또 이단 문제를 우리에게서 분리해서 문제를 해결하고자 했습니다. 이단 규정도 그것 중 하나이죠. 그런데 저는 이단 문제에 대한 접근은 정죄와 분리를 넘어서야 한다고 생각합니다. 이미 이런 피해를 많이 겪었던 서양의 나라들은 정죄와 분리보다는 오히려 치유와 회복 단계로 나아가고 있습니다. 한국교회의 이단 대처도 이제는 정죄와 분리를 넘어서서 치유와 회복을 위한 단계로 한 걸음 더 나아가야 합니다. 우리 주변에 있는 이단 상담소의 역할이 활발해지는 것은 그 점에서 긍정적이죠.

이단 문제는 이단에 빠지는 것도 문제고 나오는 것도 문제입니다. 이단에서 나오는 것은 이단 문제의 끝이 아니라 새로운 시작입니다. 이단 단체에서 나오면 이단도 싫지만 교회도 선뜻 좋아하게 되지 못합니다. 공황 상태에 빠집니다. 왜냐면 마음이 온통 비어 버렸기 때문이죠. 비워진 마음을 믿음으로 채우는 과정은 이단에 빠지는 시간보다 더 오래 걸릴 수도 있습니다. 이단에 빠진 아픔과 함께 이단에서 회복시키기 위한, 치유하기 위한 과정도 가정과 교회가 힘써야 합니다. 이단 문제는 정죄와 분리만으로는 해결할 수 없습니다. 치유와 회복이 교회의 본질입니다. 예수님께서는 우리에게 서로 사랑하라고 하셨습니다. 서로 사랑하라고 하는 말씀 속에 있는 행간을 읽을 필요가 없습니다. 우리가 이단을 대처한다고 그리스도인의 선한 모습을 잃어버릴 수는 없습니다. 정죄와 분리를 넘어선 치유와 회복이 이단 대처의 중심이 되어야 합니다.

## 교주의 죽음으로 끝나지 않는 이단 피해

이단에 빠진 가족이 있는 분들은 '도대체 나의 사랑하는 가족이 언제 이단 단체에서 빠져나올 수 있을까? 교주가 죽으면 괜찮을까?' 하는 생각도 하게 됩니다. 그런데 교주가 죽으면 정말 이단 단체로부터 빠져나올 수 있을까요? 통일교 교주 문선명은 본인을 구세주, 재림주, 하나님이라고 일컬었습니다. 그런 그가 사망했습니다. 그러자 수많은 사람들이 장례식에 참여해서 절을 했습니다. 우리가 볼 때는 문선명이 사망한 것이지만, 통일교인들은 문선명이 하늘과 땅, 즉 영계와 육계를 오가며 자신들을 다스린다고 믿고 있습니다. 우리 상식으로는 어떤 이단 교주가 사망하면 많은 이들이 자신의 선택이 잘못되었다는 걸 알고 빠져나올 것 같습니다. 그런데 그런 일이 벌어지지 않습니다. 그동안 숨겼던 이단 교주들의 뒷이야기를 〈현대종교〉에서 다룬 적이 있습니다. 기사를 보니까 이단 교주가 사망해도 그 단체가 문을 닫지는 않더군요. 시간이 좀 더 걸리는 걸 보게 됩니다. 특히 이단 단체의 경제적, 재정적인 부분이 강했다면 시간이 좀 더 길어지게 됩니다.

왜 그럴까요? 우리는 어떤 누군가를 신격화된 인물로 생각하고 따라다녔는데 그 사람이 사망했다면 내가 잘못된 선택을 했다고 생각하겠지만, 오히려 많은 경우는 내가 따르던 신격화된 인물이 사망했을 때 공황 상태가 됩니다. 이 사람이 왜 죽었지? 죽어서는 안 되는데. 내가 그 사람에 대해서 가지고 있었던 기대와 실제 벌어진 일이 충돌하는 인지 부조화가 일어나죠. 그럼 우리 생각에는 나의 선택을 거두어들일 것 같지만 적지 않은 경우 그래도 나의 선택이 틀리지 않았다는 것을 나를 반대했던 가족들이나 지인들에게 보여 주기 위해서, 교주의 죽음을 오히려 신격화하거나 미화하는 경우로 쉽게 넘어갑니다. 그래서 교주가 죽으면 모든 것이 끝난다고 하는 장밋빛 희망을 갖기에는 조심스러운 면이 있습니다.

　이단 피해자가 이단에서 빠져나온 것이 이단 문제의 끝이 아니라 새로운 시작이었던 것처럼, 교주의 죽음도 그 이단 문제의 끝이라기보다는 또 다른 새로운 시작이 될 수 있습니다. 그래서 우리는 경계를 풀어서는 안 됩니다. 최근 국내 곳곳에서 '재림 예수가 가까이 왔다'라는 포스터나 유인물을 나눠 주는 사람들이 있습니다. 포스터에 나온 인물은 '구인회'라는 사람으로 1941년에 태어나서 1975년에 사망했습니다. 당시 신도들이 그를 재림 예수로 믿었고 그의 묘비에도 '재림 예수의 묘'라고 되어 있죠. 그런데 자칭 재림 예수가 사망했는데도 그 신도들은 아직도 이 사람을 재림 예수라고 세상에 선전하고 있습니다. 우리 상식과 어긋나는 이런 일들이 일어나고 있는 것이죠.

　신천지 홈페이지를 보면 이만희의 약력을 기록해 놓

았습니다. "1957년에 박태선 전도관에 입교했다. 그리고 1967년에 박태선의 제자인 유재열의 장막성전에 입교했다. 그래서 오늘날의 이만희가 있다." 제가 볼 때는 이단의 계보에서 나온 이단일 뿐인데, 이단들도 나름 정통성 싸움이 있는 모양입니다. 이렇게 자신의 출신을 밝히더군요. 교주가 사망하면 거기서 끝나는 것이 아니라 분파나 계파를 통해서 지속되는 겁니다. 정명석이 문선명을 실패한 세례 요한이라고 부르고 이만희가 유재열을 배도한 세례 요한이라고 부르는 것처럼, 한때는 자기가 쫓아다녔던 그 신격화된 인물을 폄하하고 자기 스스로가 새로운 신격화된 교주가 되는 것이죠.

하나님의교회 세계복음선교협회 김주철 총회장에 관한 글입니다. 하나님의교회 정관을 보면 김주철 총회장의 권한이 어느 정도인지 나와 있습니다. "총회장은 성령 안상홍 하나님께서 세우신 김주철님이시며, 영구직이다. 모든 회의의 의장이고, 진리를 전수하여 반포하는 책임자다. 자산에 대한 최고 책임자로 총회 재정을 감독한다. 정관 및 규정의 최종 해석권자다. 권징의 최고 결정권자다. 총회 운영부서 및 지역 교회를 통괄하는 책임자다."

전권을 갖고 있습니다. 안상홍이 사망했지만 이렇게 단체가 지속됩니다. 이런 후계 구도가 안정적으로 정착하지 못한 케이스도 많이 있습니다. 그런데 하나님의교회는 창교자가 죽고 2대 교주로 넘어가서 더욱 성장한 단체이다 보니까 종교 사회학적으로 볼 때 신흥종교로 정착해 가는 것은 아닌가 하는 조심스러운 생각도 듭니다. 한국교회가 하나님의교회를 주목해서 봐야 하는 대목이죠.

## 피해자 시각에서 교회적 대처 필요

'몰락하는 신천지'라는 글을 쓴 적이 있습니다. 몰락해 가는 신흥종교 운동 단체에서 나타나는 몇 가지 특징들이 신천지 안에서 보였기 때문이죠. 그 특징 중 하나는 분파 현상입니다. 신천지 안에 '새천지'라는 조직이 있는 것 같습니다. 신천지 본부에서 신도들에게 '새천지 사람들을 경계하라'는 문자를 보냈습니다. 이런 문자를 보낸 것을 보면 그 안에서 분파적인 일들이 일어나는 것으로 보입니다. 신천지 본부가 있는 과천에서도 신천지 신도가 시위를 하고 있습니다. 이 사람은 이만희에 대한 문제 제기를 하지는 않지만, 그 밑에 있는 핵심 간부들이 잘못되었다는 주장을 합니다. 세력 다툼, 후계 다툼의 조짐이 보이죠. 신흥종교 운동 쇠락기에 나타나는 전형적인 현상입니다.

또 다른 하나는 요즘 길거리에서 신천지 신도들이 접근하는 것 때문에 힘든 분들이 계실 겁니다. 'CBS를 OUT 해야 한다'라는 내용을 차에 붙이고 다니는 것을 보신 분들도 계실 겁니다. 하지만 이런 것들로 신천지의 세력이 커졌다고 보기는 어렵습니다. 오히려 이만희가 나이가 들어 가고 내부적으로 분파 조짐이 보이는 현상 속에서 신천지로서는 조직을 안정적으로 관리해야 할 필요를 느낄 것입니다. 이 시기에 신도들에 대한 통제도 느슨해질 겁니다.

그럼 어떻게 해야 할까요? 전통적인 방법이 있죠. 내부의 문제를 외부와의 충돌을 통해서 잠재우는 것입니다. 그들의 교리가 실패해서 변개하고, 내부적인 분란들이 있고, 후계자 선정에 실패하여 분파 조짐이 보인다면 신도들은 동요할 수밖에 없습니다. 1984년에 시작된 신천지 안에서 자라나는 2세들 문제도 있겠죠. 이런 문제들을 잠재우고 신도들이 다른 생각 못 하도록 몰아붙이는 방법은 외부와의 충돌입니다. 외부로 내보내 거리에서 포교하도록 하고 타깃을 정해 증오를 표출하게 하는, 전통적인 방법이 신천지 내부에서 사용되고 있는 것이 아닌가 하는 분석을 하게 됩니다. 이 모습 역시 한 종교운동 단체의 쇠락기에 보이는 전형적인 모습입니다.

만약 신천지 교주 이만희가 사망한다면 하나의 전환점이 될 수 있을 겁니다. 신천지 신도들은 이만희가 사망하지 않고 불로불사, 영생불사한다고 믿고 있습니다. 그가 어떤 형태로든 신상에 문제가 생긴다면 많은 신도들이 신천지에서 나올 수 있을 겁니다. 하지만 우리 한국교회가 준비되어 있는지는 걱정입니다. 신천지에서 나온다고 해도 바로 교회로 가지는 않겠죠. 신천지도 싫겠지만 그래도 신천지에서 비난하던 교회로 바로 오지는 않을 겁니다. 혼란스러운 상태가 되겠죠. 그때 우리가 교회의 문턱을 낮추고 그들을 잘 품어 안아야만 2차, 3차 피해가 일어나지 않을 것입니다.

한국교회의 준비가 필요합니다. 이제는 단지 이단을 예방하고 대처한다는 수세적인 입장에서 문제 해결을 위한 정죄나 분리를 하는 것이 아닌, 피해자의 눈높이에서 치유와 회복을 위한 노력이 필요한 시점입니다.

## 기대와 기다림으로 회복되는 날까지

이단에 빠진 가족들을 회복시키기 위한 노력을 신천지
는 '강제 개종 교육'이라고 합니다. 강제로 데려가서 교
육을 시킨 후 신천지로부터 빼낸다는 것입니다. 하지만
강제 개종 교육을 누가 시켰습니까. 원인 제공자가 누
구입니까. 정체를 감추고 정보를 제한한 채 우리의 사
랑하는 사람에게 다가와서 그 사람을 강제로 개종시킨
사람이 누구입니까. 신천지입니다. 신천지는 이러한 가
족의 역할을 강제 개종이라고 하지만 그것은 강제 개종
이 아니라 신천지에게 빼앗긴 가족을 되찾아 오려고 하
는 가족들의 몸부림입니다. 신천지가 강제 개종이라는
단어를 사용해서는 안 되는 것입니다. 그들이 먼저 했
던 일이기 때문입니다. 그래서 저는 신천지가 이 강제
개종이라는 단어를 꺼낼 때마다 참 이율배반적이라는
생각을 하게 됩니다. 그들이 먼저 시작했고 우리의 사
랑하는 사람을 빼앗아 갔고 우리는 그들을 되찾아 오려

는 아픈 노력을 하고 있는 것이죠.

부산의 이단 상담실에서 사역하는 조하나 간사님이 〈현대종교〉에 상담 경험을 원고로 작성해서 보내 주고 계십니다. 그 원고를 볼 때마다 힘을 얻습니다. 10통의 상담 전화를 받으면 한두 사례에 대해서 도움을 줄 수 있다면 참 다행이라고 생각하는데, 그 안에서 회복되는 사례들이 있더군요. 신천지에 빠졌던 아내와 남매가 회복하는 사례, 또 여자 친구가 돌아오는 사례 등 상담을 통해서 회복이 이루어지고 있습니다.

저는 이단 문제를 보면 두 단어가 떠오릅니다. '기대'와 '기다림'입니다. 이단 피해는 참 아픈 일이지만, 이단 문제로 인한 아픔과 고통을 치유하기 위한 오랜 기다림의 과정에 있는 많은 분들이 있습니다. 그분들은 기대와 소망을 가지고 있습니다. 이단 문제로부터의 회복은 불가능한 것이 아닙니다. 이단 문제로부터의 회복은 이루어지고 있습니다. 가족들은 그 회복을 위한 노력을 멈추지 않을 것입니다. 그리고 주님의 때에 그분의 방법으로 회복시켜 주실 것입니다. 이단이 결코 빼앗을 수 없는 우리의 믿음이 있기 때문입니다.

**Q** '신천지의 쇠락의 징후가 보인다. 어쩌면 신천지에서 많은 분들이 나올지도 모른다. 교회가 준비를 해야 한다'라는 부분이 인상적이었습니다. 그런데 이 준비가 지금까지 했던 정죄와 분리가 아니라 치유와 회복이어야 하고, 이것을 교회가 마련해 줘야 한다는 것에 대해, 깊이 생각해야 할 것 같습니다.

**A** 단순하게 보듬는 것을 넘어서야 합니다. 컴퓨터도 프로그램하는 것이 있으면 프로그램을 해제하는 것도 있지 않습니까. 그것처럼 이단에 미혹되고 이단에서 교육된 것을 교회에서 말씀으로 잘 풀어내기 위한 우리의 시스템이 필요합니다.

**Q** 지금도 이단에 빠진 가족 때문에 안타까워하시는 분들 많을 것 같은데, 그분들을 어떻게 도울 수 있을까요?

**A** 정말 재미없고 힘든 교회, 아니면 즐겁고 보호받는 이단. 혹은 폭력과 어려움이 있는 가정, 아니면 돌봄이 있는 이단. 특히 청소년이 이런 선택을 해야 하는 경우에 어떤 쪽을 택할까요. 교회와 가정의 문제는 이단 피해 문제와 무관하지 않습니다. 특히 가정이 모든 가족 구성원의 평안한 안식처가 되어야 합니다. 제가 10대 아

이들 셋을 키우면서 아내와 약속한 게 있는데 아이들의 옷차림과 머리 색깔에 대해서 이야기하지 말자는 거였습니다. 그랬더니 집 안에서 부딪칠 일이 없더군요. 가정이라는 평안한 안식처가 우리에게 없을 때는 돌아갈 곳도 없습니다. 가정을 평안의 장소를 만들려고 노력하는 것이 이단 대처의 준비가 아닐까 싶습니다.

**Q 따뜻한 가정을 만드는 것이 제일 중요하다는 말씀을 해 주셨습니다. "이단 피해의 아픔과 회복"을 한마디 키워드로 정리해 주세요.**

**A** 7강에서도 기승전 '가정'이라고 했는데, 그렇습니다. 가족의 사랑이 정답입니다.

# 교회는
# 이긴다

옥한흠 목사님의 사도행전 강해서 제목이 저에게 참 감동적으로, 강하게 다가왔습니다. 제목은《교회는 이긴다》였습니다. 사실 현실과 좀 동떨어진 이야기처럼 들리기도 합니다. 사회로부터 비판받는 교회, 그리고 이단 문제가 가득 찬 요즘을 보면 과연 우리 가정과 교회가 이런 이단들의 도전을 능히 이겨 낼 수 있을까 하는 생각도 듭니다. 기대와 기다림 속에 있는 피해자 가족들의 마음은 더욱 그렇겠죠.

우리가 분명히 기억해야 할 것은 이단들은 필멸(必滅), 반드시 멸망합니다. 우리 교회는 필승(必勝), 반드시 이깁니다. 지금 우리가 이단에게 이겨 낼 수 있다는 표징들이 많이 보이지 않는다 해도 괜찮습니다. 믿음이라는 건 눈에 꼭 보여야 믿는 것이 아닙니다. 눈에 확인되어야 믿고 신뢰할 수 있는 게 아니지요. 믿음은 우리 눈에 지금 보이지 않아도 우리가 그것을 확신한다면 믿음입니다. 그래서 이단 문제가 지금 심각하지만, 이단 문제를 이겨 낼 수 있다는 확신 그 자체가 아무도 빼앗지 못할 우리들의 믿음이라고 생각합니다.

## 공권력과 언론의 한계

한국사회에서 이단 문제를 다루는 것은 정말 쉬운 일이 아닙니다. 게다가 우리는 종교의 자유가 있지 않습니까. 누구든지, 어떤 종교든 위법하지 않다면 선택할 수 있죠. 우리 주변에 이단 피해를 겪은 사람들이, 특히 가족이 신천지나 하나님의교회에 빠진 사람들이 1인 시위를 하곤 합니다. 그 단체 앞에서 '내 배우자를 돌려달라' 혹은 '내 자녀를 돌려달라'는 1인 시위를 합니다. 우리가 이런 시위를 볼 때마다 느끼는 것이 있습니다. 안쓰럽기도 하고 '그냥 경찰에 신고하면 어떨까, 다른 도움을 찾는 게 어떨까' 하는 생각도 합니다.

그런데 만약 경찰에 신고하면, 경찰서에 집을 떠난 배

우자나 자녀가 오겠죠. 성인이기 때문에 경찰관이 물어볼 겁니다. '집으로 돌아오겠습니까 아니면 그곳에 계속 있겠습니까.' 경찰이 강제로 데려올 수는 없습니다. 그 가족이 '나는 집에 돌아오지 않겠다. 거기가 좋으니 계속 있겠다'라고 대답하는 순간, 가족들은 사랑하는 가족에 대한 합법적인 보호권을 완전히 상실하게 됩니다. 이단들은 오히려 우리가 경찰에 신고하기를 기다리는지도 모릅니다. 법이 자기들한테 불리하지 않다는 걸 잘 알고 있기 때문입니다. 따라서 공권력에 의존하는 것도 답이 아닐 수 있습니다. 공권력은 어떤 문제가 터져야 개입하여 수사하고, 그 문제 해결을 위해서 노력합니다. 예방 기능보다는 사후 처리 기능이 강한 것이 공권력입니다.

언론은 어떨까요? 대부분의 언론도 사건이 발생한 후에야 보도하고 공론화하기 때문에 예방 기능이 약합니다. 그래서 피해자들이 거리로 나서는 것이죠. 이렇게라도 해야 사회적인 이슈가 될 수 있고, 남들의 주목을 받을 수 있습니다. 이단 단체에서도 사회적으로 집중되는 것은 원치 않을 테니까 문제를 잠시 덮기 위해서 피해자들의 배우자나 자녀를 집으로 들어가라고 할 수도 있습

니다. 사랑하는 가족을 찾기 위해 할 수 있는 모든 일을
하려는 것이 가족들의 마음이기 때문에 이런 선택을 하
는 것입니다.

주변에 혹시 사랑하는 가족을 찾기 위해 1인 시위를
하는 사람이 있다면 마음으로 그치지 마시고 격려의 따
뜻한 말 한마디를 건네주시면 좋겠습니다. '긍휼히 여긴
다'라는 것은 마음만 그렇게 느끼는 게 아니라 실제 행
동으로 옮기는 걸 말하는 것입니다. 주변에 있는 피해자
들을 우리가 긍휼히 여기는 마음이 필요합니다.

## 교파주의의 어려움

이단 대처가 어려운 또 다른 이유는 한국교회가 운명적
으로 갖고 있는 교파주의 때문입니다. 한국교회의 교파
주의는 선교 초기부터 시작되었습니다. 함경도는 캐나다
장로교가, 동남단 땅끝 경남 지역은 호주 장로교가, 전라
도 지역은 미국 남장로교가, 강원도 지역은 미국 남감리
교가, 그리고 그 당시 가장 영향력이 컸던 미국 북장로교
나 북감리교는 평양과 서울을, 특히 북장로교는 경상북

도 지역에서 선교 활동을 하게 됩니다. 여섯 개 교파가 조선을 나눠서 효율적으로 선교를 진행한 것이죠.

하지만 효율적 선교를 위한 선교지 분할 정책이 한국전쟁을 거치면서 본격적인 장로교의 분열을 초래했습니다. 현재 크고 작은 교단이 대략 이백여 개가 있다고 합니다. 정말 수많은 교파가 있는 것이죠. 교파들은 각기 상이한 교리들을 가질 수 있습니다. 이단 규정을 보더라도 A 교단은 이 단체가 이단이라고 하는데 B 교단은 이단이 아니라고 합니다. 왜 이단 단체를 보는 눈이 다를까 하는 의아함이 들기도 하지만, 이상한 일은 아닙니다. 교파주의적 특징을 갖는 한국교회에서 어쩔 수 없이 나타날 수밖에 없는 일입니다.

어떤 교리로 인해서 나뉘기보다는 이해관계에 의해서, 여러 가지 비본질적인 이유로 교파 분열이 많아졌다면 그만큼 이단을 규정하는 것이 어려워집니다. 운명적인 교파주의를 갖는 한국교회가 이단 대처를 효과적으로 하기 어려운 특징을 갖게 된 것이죠. 우리가 이 특징을 이겨 내기는 쉽지 않습니다. 한국교회의 특징으로 받아들이고 우리가 할 수 있는 최선의 방법을 찾아야겠죠.

연합 기관도 그중 하나입니다.

다행히 요즘에는 주요 8개 교단의 이단 대책 위원장들이 모여서 활발한 활동을 하고 있습니다. 한국교회의 이단 대처는 연합 기관 혹은 지역별 기독교 협의회 등의 영향력 있는 활동이 매우 중요합니다. 여기서 꼭 기억해야 할 것은, 이단 대처를 위한 연합 활동은 사리사욕을 위한 야합이 아니라 그리스도를 위한 연합이어야 합니다. 야합이 되는 순간 이단 문제는 질곡 속으로 빠지게 될 것입니다. 그리스도를 위한 교회를 정결하게 유지하기 위한 연합적인 이단 대처가 이루어졌을 때, 교파주의를 뛰어넘는 효과적인 이단 대처를 해 나갈 수 있습니다.

한국교회의 이단 대처를 어렵게 하는 또 다른 문제는 교회의 문제입니다. 한국교회 신뢰도 조사를 하면 참 당황스러운 결과를 맞게 됩니다. 교회와 교회 지도자들에 대한 신뢰도 굉장히 약해지고 있는 것을 보게 됩니다. 사회적인 문제를 일으키는 정통교회와 속은 노략질하는 이리더라도 양의 옷을 입고 활동하는 이단이 있다고 한다면, 한국사회는 어느 쪽을 더 선호할까요? 이단들이 여러 긍정적 활동으로 교회를 공격하려는 이유입니다.

하지만 정결한 교회는 이러한 이단에 대처할 수 있습니다. 교회의 신뢰도가 점점 약화된다는 것은 이단들이 활발하게 활동할 수 있는 장을 만들어 주는 것과 다름없습니다. 이단들은 신뢰도가 약해진 교회를 비난하면서 자기들이 존재해야 하는 이유를 주변에 설명합니다. 이 때문에 우리와 다음세대가 기독교적 자긍심을 쉽게 갖기가 어려운지도 모르겠습니다.

## 건강한 교회가 이단에 효과적으로 대처

한국교회는 역사 속에서 우리 민족과 함께해 왔습니다. 구한말 불확실한 시기에 복음이 전래된 후, 일제 강점기에 3·1운동을 주도하며 민족을 위해 애썼으며, 한국전쟁, 군사 정권 이후의 민주화 시기 등 근현대사에서 한국교회는 많은 역할을 해 왔습니다. 저는 한국사회가 그것을 기억하고 있다고 생각합니다. 역사 교과서에는 그 모습이 조금씩 사라진다고 하더라도 한국교회가 끼친 문화, 사회, 정치, 경제적 영향력은 누구도 부인할 수 없을 겁니다. 그런데 신뢰하는 사람이 잘못하면 실망도 큽니다. 한국사회가 한국교회의 공헌을 잘 알고 있기 때문에, 교회가 그 역할을 제대로 못 할 때는 비판하게 되죠. 그것도 날카롭고 냉정하게 말입니다.

문제는 그 비판이 아니라 그것을 받아들이는 우리의 자세입니다. 만약에 우리가 비판의 소리를 겸허히 진지하게 듣고, 우리를 갱신하며 개혁해 낸다면, 우리는 종교개혁 때처럼 개혁의 주체가 될 것입니다. 하지만 우리가 비판을 흘려듣고 귀담아듣지 않을 때는 개혁의 주체가 아니라 개혁의 대상이 될 수 있는 것이죠. 그 갈림길에 한국교회가 와 있는 것이고, 이단 대처 문제는 그 갈림길의 시금석 같은 문제입니다.

저는 교회사를 전공하고 가르치고 있습니다. 세계 교회 역사, 종교개혁사도 가르치는데요. 종교개혁 500주년을 맞았던 2017년도에 작은 차를 빌려서 종교개혁자들의 개혁지를 찾아다닌 적이 있었습니다. 한 곳 한 곳 갈 때마다 참 많은 것을 느꼈습니다. 특히 종교개혁이 일어나기 100여 년 전에 체코 프라하를 중심으로 개혁 운동을 일으켰던 얀 후스가 독일 남부까지 끌려와서 화형당했던 장소에 섰을 때는 감회가 남달랐습니다. 얀 후스가 화형장으로 끌려갈 때 그에게 이단의 괴수라는 종이 모자가 씌워졌거든요. 그걸 보며 많은 생각을 했습니다. 우리가 이단이라고 말하는 것은 참 조심스러운 문제구나, 누군가에게 이단이라고 말하기 위해서는 정말 많은 고민과 합당한 근거를 가지고 해야겠구나 하는 생각이 들었습니다.

종교개혁의 중심지 독일에서는 루터의 길을 쫓아다녔습니다. 루터의 모습이 있는 현수막이 걸려 있고 거리마다 종교개혁과 관련된 이름을 볼 때마다 아주 감동적이었습니다. 그런데 한 주 정도의 시간이 흐르자 감동이 무뎌지더군요. 그때 고민했던 것 중 하나가 곳곳에 있는 기념품점이었습니다. 기념품점에 들어갔더니 루터 초콜릿, 루터 양말, 루터 와인 등 루터의 이름이 걸린 많은 기념품이 있었습니다. 제가 생각했던 루터는 개혁의 아이콘이었는데, 현장에서 만났던 루터는 비즈니스의 아이템이 되어 버린 것 같았습니다. 제 개인의 느낌이었는데 혹시 불쾌하셨다면 용서해 주십시오.

중세 1천 년 교회를 개혁했던 종교개혁 교회는 채 100년이 지나지 않아서, 교회 안 새로운 개혁의 목소리에 부닥

치게 됩니다. 종교개혁 교회는 성경으로 돌아가자고 개혁을 일으켰는데 100년이 채 지나지 않아 다시 말씀으로 돌아가자는 갱신 운동에 부닥친 겁니다. 생명력 있는 설교가 지루한 교리 설교가 되고 생명력 있는 하나님의 말씀이 암기해야 하는 고상한 교리가 되어 버렸을 때, 교회는 또 다른 개혁을 시작한 것이죠. 그렇게 개혁을 일으켰던 젊은이들이 선교사가 되어 곳곳에 복음을 들고 갔는데 그들이 바로 알렌, 언더우드, 아펜젤러였습니다.

교회의 역사가 이렇습니다. 교회는 스스로 개혁하지 못했을 때 쉽게 개혁의 대상이 됩니다. 그래서 종교개혁자는 '개혁된 교회는 항상 개혁한다'라는 모토를 가지고 있었습니다. 정체된 개혁 교회는 더 이상 개혁 교회가 아닙니다. 한국교회가 스스로의 모습을 새롭게 해 나가지 않는다면, 이단 문제를 우리가 효과적으로 대응하고 그들의 도전에 응전해 갈 수 있을까요. 결국 이런 위기감 때문에 우리가 이단 문제에 관심을 갖게 된 것이죠.

## 하나님은 늘 승리하신다

《교회와 이단》은 종교개혁지 탐방을 다녀와서 탈고한 책의 제목입니다. 제목을 '교회'와 '이단'이라고 했습니다. '이단'이라고만 할 수가 없었습니다. 왜냐면 교회와 이단은 떼려야 뗄 수 없는 주제라는 것을 발견했기 때문입니다. 이 책의 부제목은 '이단에 대처하기 위한 교회의 개혁'입니다.

저는 교회사를 전공하면서 이단 문제를 연구했습니다. 그래서 저는 두 가지로 생각했습니다. 교회사는 제가 하고 싶어 하는 공부이고, 이단 연구는 저의 선친(탁명환 소장)으로 인한 연구라고 생각했습니다. 그런데 시간이 지날수록 같은 연구로 느껴지더군요. 교회사 학자로서 어느 특정 시기의 교회를 연구하니까 같은 시대 이단들의 문제점이 무엇인지가 너무나 명확하게 드러났습니다. 또 이단 연구자로서 어떤 특정 시기의 이단을 연구하니까 동시대 교회의 문제점이 무엇인지가 고스란히 드러났습니다. 그래서 이단은 교회를 비판하면서 그 시대의 대안으로 세상에 설명하면서 존재 이유를 찾아가는 것이었죠. 이렇듯 교회와 이단은 떼려야 뗄 수 없는 동전의 양면과도 같은 존재들입니다.

앞에서 "정결한 교회가 이단에 대처할 수 있다"라고 했습니다. 그리고 "개혁하는 교회는 마침내 이긴다"가 이번 장의 주제입니다. 교회의 신뢰도가 떨어지고 이단들이 교회를 비난하더라도 교회에 대한 사랑을 잃을 수는 없습니다. 교회는 교단이나 눈에 보이는 교리가 아니라 주님의 교회이죠. 우리가 그 사랑을 잃는 순간 너무나 많은 것을 잃게 됩니다.

《교회와 이단》의 1부는 '이단, 교회에게 묻다'입니다. 만약 한국교회 이단이라면 오늘날의 한국교회에게 어떻게 도전할까를 써 보았습니다. 2부는 '교회, 이단에게 답하다'라는 주제로 이단의 본질을 다뤄 보았습니다. '교회가 정죄한 이단, 사회가 외면한 교회에게 묻다'는 우리는 이단을 교리적으로 규정하고 분리하고 정죄하는데, 이단 규정의 주체인 우리가 사회적으로 외면받고 있다면 도대체 이런 상황을 어떻게 이겨내야 할 것인가를 다뤘습니다. '모략과 모함에 익숙한 이단, 모순에 빠진 교회에게 묻다'는 거짓말과 모함으로 우리를 미혹하고 교회를 무너뜨리는 이단들을 살펴보았습니다.

하지만 우리가 하나님 말씀대로 살지 못하고 주변 사회의 비판을 받는다면, 그 모순을 우리 교회는 어떻게 이겨 내야 할까요. '리플리 증후군에 걸린 이단, 무두셀라 증후군을 앓는 교회에게 묻다'에 대해 생각해 봅시다. 리플리 증후군은 자기가 거짓말을 사실이라고 믿게 되면 전혀 죄의식을 느끼지 않고 사실로 받아들이는 현상입니다. 신천지나 다른 이단들처럼 말이지요. 그런데 무두셀라 증후군은 과거의 좋은 기억들만 선별해서 기억하는 겁니다. 우리 교회가 신사 참배에 대한 기억은 뒤로한 채 3·1운동의 기억만 하는 건 아닐까요? 권력자들 곁에서 우리가 교회의 득을 얻고자 노력했던 모습들은 잊어버리려 하고 오히려 다른 긍정적인 모습만 기억하려고 하는 것은 아닐까요? 그런 이율배반적 모습이 우리에게 있는 것은 아닌지 짚어 보아야 합니다.

제가 만약 이단에 속해 있다면 교회를 향해 이런 질문을 할 것 같습니다. 과연 우리는 어떻게 이들에게 답변할 수 있을까요. 물론 이단들의 가면을 벗겨 낼 수 있는 분명한 근거가 있습니다. 하지만 우리가 더 정결하고 당당하다면 그러한 노력이 더 수월하지 않을까 싶습니다. 우리나라처럼 다종교 사회에서는 더욱 그렇다고 생각합니다.

'한국교회, 개혁의 주체인가, 개혁의 대상인가?' 종교개혁 500주년을 지나면서 저는 이 질문을 하게 되었습니다. 이단들의 트렌드를 보면서 그들이 마치 한국교회의 순기능을 대신하는 종교인 것처럼 소개되고 활동하는 것을 보면서, 우리 교회의 모습에 초점을 두게 되었습니다. 이단 문제를 통해서 우리 교회의 모습을 보고, 이단들이 도전하는 내용을 통해 우리 교회 스스로 갱신하고 개혁했을 때 이단에 효과적으로 대처할 수 있습니다. 하지만 꼭 기억해야 할 것은, 이단은 필멸한다는 것입니다. 그것이 교회의 역사입니다. 교회 역사 2천 년 동안 이단들이 없었던 적은 없지만, 그 이단들이 지금까지 존속했던 적은 없습니다. 생성과 소멸을 반복했죠. 우리 교회가 이겨 왔고, 하나님은 늘 승리하셨습니다.

이번 10강의 제목은 옥한흠 목사님의 사도행전 강해서 제목입니다. 이 책의 제목을 볼 때마다 어김없이 마음이 뭉클합니다. "교회는 이긴다!"

이단 문제로 고민하고 우리 교회를 어찌 사랑해야 할까 고민했던 부족한 목회자이고 신학자인 저에게 그 제목 자체가 주는 힘과 감동이 너무나 큽니다. 옥 목사님은 그분의 사도행전 강해 마지막 설교에서 다음과 같이 전합니다. 이 내용을 10강에 걸친《이단 OUT》의 결론으로 대신하겠습니다.

"앞으로도 주님 오실 때까지 핍박은 있을지 모르며 성도를 끌어다가 죽이는 일이 있을지는 모르지만, 주님의 복음을 금할 수는 없습니다. 결국 십자가는 승리합니다. 결국 하나님은 이깁니다."

**Q** "정결한 교회가 이단을 이길 수 있다." 지금 우리의 이단 대처가 힘든 것이 교회가 사회적으로 지탄받기 때문이 아닌가, 또 우리가 연합하지 못하기 때문은 아닌가 하는 생각을 해 보았습니다. "칭찬받는 이단, 지탄받는 한국교회"에 대해서는 우리가 다시 생각해 봐야 할 것 같아요. 이 부분을 어떻게 생각하세요?

**A** 이단들이 양의 옷을 입고 우리에게 다가오지만 그 안은 노략질하는 이리라는 것을 우리가 앞에서 보았습니다. 우리가 이단들의 모습을 어떻게 주변에 잘 알려야 할지가 우리의 과제입니다. 교회 역사를 보면 이단 문제에 접근할 때 주님의 교회에 반하는 이단들을 대처하기 보다는 교권을 장악하거나 정적을 제거하는 데 이단 문제를 사용했던 것은 아닐까, 하는 생각이 들 때가 있습니다. 만약 그렇다면 그것은 정말 올바른 이단 대처가 아니겠죠. 혹은 무분별한 교파주의로 인해서 주변 사회가 쉽게 공감하지 못하는 내용으로 이단을 규정했고 정죄했다면 우리 이단 대처의 공신력도 약화된 것이 아닐까 하는 두려운 마음도 갖게 됩니다.

이단 대처는 공신력 있는 연구와 대처가 그 무엇보다도 중요합니다. 우리 교회의 내적인 대처법뿐만 아니라 다종교 사회에서 주변 사회가 우리 교회의 이단 연구에 동의하고 공감한다면, 그게 이단 대처의 지름길이 아닐까 싶습니다. 우리가 이들을 이단이라고 했을 때 주변 사회가 공감하고 귀 기울여 줄 수 있는 공신력을 갖추는 것이 아마 CBS, 〈현대종교〉와 같은 이단 문제에 관심 있는 기관들의 과제가 아닐까 생각합니다.

**Q 교회에서는 이단에 대한 특강을 마련하기도 합니다. 그런데 일반인들은 잘 모르는 경우가 많아요. 양의 탈을 쓰고 다가오면 모른단 말이죠. 언론에도 좋게 나오니까요. 어떻게 알려 주면 좋을까요?**

**A** 아무래도 기독교 언론들이 많이 제한되어 있기는 하죠. 기독교 비율이 높은 지역은 모르지만 영남이나 제주도처럼 10%에도 못 미치는 기독교 비율을 갖는 지역에서 이러한 이단 문제를 이야기하거나 대처하는 건 더 어렵습니다. 우리는 정통이다, 이단이다 심각하게 말하지만 주변 사람들은 그것이 혹시 교회 안에서 자기들끼리 밥그릇 싸움하는 것으로 볼 수도 있습니다. 그렇기 때문에 이단 문제에 대한 경계와 예방은 오히려 주변 사람들에게 공감을 얻고 동의를 얻는 것에 집중할 필요가 있습니다.

**Q 이단의 모순과 잠재된 위험성을 주변 사회에 설득력 있게 알리는 것이 중요한 것 같습니다. 《이단 OUT》의 핵심 내용을 정리해 주시지요.**

**A** 한국교회는 이단 문제로 어려움을 겪고 있습니다. 하지만 주님께서 정하신 때에 교회는 이단 문제를 넉넉히 이겨 낼 것입니다. 교회는 이깁니다. 이것이 우리의 믿음입니다.

이제 내년이면 저의 이단 연구의 가장 중요한 이유인
선친 탁명환 소장(1937-1994)이 하나님의 품에 안긴 바로
그 나이가 됩니다.

제가 기억하는 아버지는, 외롭지만 거침없던 직진 스
타일의 이단 연구가였고, 바쁘지만 따뜻했던 가정 스타
일의 아버지셨습니다. 아버지의 아들이었다는 사실은
늘 자랑스러운 부담이었습니다. 이단을 연구하는 우리
삼 형제(지일, 지원, 지웅)에게는 그분의 발자취가 곧 매뉴얼
이었습니다.

선친 탁명환 소장은 선구자였습니다. 길이 없는 곳을
그분이 걸어갔고, 그리고 그곳에 길이 만들어졌기 때문
입니다. 그분의 미완성 자서전 내용처럼, 칭찬에 우쭐하
지도 않았고, 비판에 의기소침하지도 않았습니다. 하지
만 돌아가신 지 사반세기가 지난 오늘도, 선친에 대한
악의적인 비판을 하는 이들이 있습니다. 긍정적이든, 혹
은 부정적이든, 역사 속으로 선친의 이름이 계속 소환되

는 한, 한국교회의 이단 문제는 끝나지 않았다는 반증으로 받아들이게 됩니다.

이단을 연구하는 일은 칭찬과 비난을 함께 받는 일입니다. 저의 청년기와 진로에 큰 영향을 주셨던 새문안교회 김동익 목사님께서 그분의 설교집에서 하셨던 말씀이 생각납니다. "사람들은 목회자를 비판할 수 있다. 하지만 목회자는 변명하지 않아도 된다. 왜냐하면 하나님은 아시기 때문이다." 어떤 상황이 주어지든, 운명처럼 주어진 이 길을 그저 묵묵히 걷는 것 외에는 이제 별반 다른 선택의 여지도 없습니다. 하나님과 가족에게 부끄럽지 않으면, 그것으로 만족하고 감사하고 행복합니다.

이단을 비판하는 저는, 복음을 선포하는 이들이 늘 부럽습니다. 교회의 신앙고백은, 누군가를 비판하기 위한 것이 아니라, 내가 무엇을 믿는지를 세상을 향해 선포하는 것이라는 것을 교회사학자로서 잘 알고 있기 때문입니다. 언젠가는 교회사의 신실한 신앙인들의 아름다운

행적만을 이야기하는 날이 오기를 소망 속에 기다리고 있습니다.

이단 연구가인 제가 할 일이 없어 실직하고, (물론 〈현대종교〉 가족들에게는 미안한 일이지만) 〈현대종교〉가 더 이상 필요하지 않은 날을 꿈꿉니다. 그날이 바로 주님의 날, 신천지와 같은 이단이 없는, 새 하늘 새 땅(新天地)이라고 믿습니다.